PRAGMATIQUE
POUR LE DISCOURS
LITTÉRAIRE

Du même auteur

Initiation aux méthodes de l'analyse du discours, Paris, Hachette, 1976.

Linguistique française, initiation à la problématique structurale I (en collaboration avec J.-L. Chiss et J. Filliolet), Paris, Hachette, 1977.

Linguistique française, initiation à la problématique structurale II, Paris, Hachette, 1978.

Les livres d'école de la République, 1870-1914 — Discours et idéologie, Paris, Le Sycomore, 1979.

Approche de l'énonciation en linguistique française, Paris, Hachette, 1981.

Sémantique de la polémique, Lausanne, l'Age d'homme, 1983.

Carmen, les racines d'un mythe, Paris, Le Sorbier, 1984.

Genèses du discours, Bruxelles-Liège, P. Mardaga, 1984.

Éléments de linguistique pour le texte littéraire, Paris, Bordas, 1986.

Nouvelles tendances en analyse du discours, Paris, Hachette, 1987.

Pragmatique pour le discours littéraire, Paris, Bordas, 1990.

L'Analyse du discours, Introduction aux lectures de l'archive, Paris, Hachette, 1991.

PRAGMATIQUE POUR LE DISCOURS LITTÉRAIRE

DOMINIQUE MAINGUENEAU

Bordas

En couverture :
Athalie chassée du Temple
(détail)
Peinture d'Antoine Coypel, vers 1699
Musée du Louvre Paris
Ph. Hubert Josse. © Archives Photeb

Maquette de couverture :
Jérôme Lo Monaco

© BORDAS, Paris, 1990
ISBN 2-04-019848-2

Avant-propos

L'accueil très favorable qu'ont reçu nos *Éléments de linguistique pour le texte littéraire* nous a incité à les compléter par une ouverture sur la pragmatique. A l'origine, nous pensions lui faire une place dans les *Éléments*, mais le manque d'espace et un souci d'homogénéité conceptuelle nous ont fait renoncer à ce projet. Cependant, comme il nous semblait difficile de passer sous silence la problématique de l'argumentation linguistique, si féconde pour l'analyse littéraire, et que nous ne pensions pas encore réaliser un second volume, nous avions consacré le dernier chapitre des *Éléments* aux connecteurs argumentatifs. Mais en introduisant ainsi un chapitre d'inspiration nettement pragmatique nous avions quelque peu nui à la cohérence de cet ouvrage, comme l'ont à juste titre fait observer certains critiques.

Avec la parution de ce nouveau volume, nous avons la possibilité de corriger cette dysharmonie. Dans les *Éléments*, le chapitre incriminé a été remplacé par un autre, consacré aux phénomènes de cohérence textuelle, qui s'intègre beaucoup mieux au reste de l'ouvrage. Quant aux pages supprimées, elles ont été remaniées et figurent dans le présent ouvrage.

On pourrait objecter que la plupart des sujets abordés dans les *Éléments de linguistique* pourraient tout aussi bien figurer sous la rubrique « pragmatique », puisque la problématique de l'énonciation participe de la nébuleuse de la pragmatique. Nous pourrions nous justifier en invoquant les nécessités pédagogiques, mais ce serait inapproprié. La réflexion sur la subjectivité énonciative, à travers les travaux de Bally, de Benveniste, de Jakobson, de Culioli s'est développée à l'intérieur de la tradition linguistique européenne ; les promoteurs des travaux sur l'énonciation sont avant tout des linguistes qui tentent de résoudre des difficultées soulevées par l'analyse de faits de langue. C'est pourquoi dans le premier volume nous avons concentré notre attention sur des détails stylistiques articulés par la question des repérages énonciatifs. La pragmatique, en revanche, a pour contexte culturel privilégié la philosophie anglo-saxonne. Issue des réflexions de philosophes et de logiciens, elle n'est en rien l'apanage des linguistes et ouvre tout autant sur la sociologie ou la psychologie. Ce ne sont pas tant les propriétés des langues naturelles qui l'intéressent que la nature et la fonction du langage. Bien sûr, les deux voies ne peuvent qu'interférer, mais leurs inspirations divergent nettement.

Cette divergence est perceptible dans les titres de nos deux volumes, puisque l'on passe du « texte » au « discours » littéraire. Les sujets évoqués dans le premier ouvrage n'engagent, en effet, que marginalement une conception de la littérature. Partant du constat qu'il y a dans la société des textes littéraires on se contente d'exposer un réseau de concepts grammaticaux susceptibles d'éclairer des faits de style. Avec la pragmatique l'accent se déplace vers le « discours », vers le rite de la communication littéraire. De ce fait, nous nous trouvons sur un sol beaucoup moins assuré que dans le volume précédent ; non seulement parce que la pragmatique constitue un champ à l'unité très incertaine, mais encore parce que toute réflexion pragmatique engage plus nettement des thèses sur le fait littéraire et son inscription dans la société. On ne peut cependant attendre le jour plus qu'improbable où la pragmatique sera unifiée et stabilisée pour faire part d'un mode d'appréhension du langage qui *de facto* a renouvelé l'approche de la littérature et domine la scène comme a pu le faire la « Nouvelle critique » dans les années 1960-1970.

Impliquant un changement dans le regard porté sur les textes, la pragmatique modifie considérablement le paysage critique : un grand nombre de phénomènes jusqu'ici négligés passent soudain au premier plan, tandis que d'autres sont lus différemment. Une conception naïve de la critique voudrait que celle-ci s'exerçât sur un corpus d'œuvres stable, uniformément baigné de la même lumière. En réalité, on n'a pas affaire à un « même » corpus dont l'intelligibilité s'accroîtrait indéfiniment au fil des lectures qui le prennent en charge : les lectures elles-mêmes le remodèlent sans cesse. Ainsi, une approche qui appréhende le style comme expression d'une individualité placera au centre de ses préoccupations les œuvres « romantiques » et rejettera à la périphérie des œuvres étroitement liées à un genre (tragédie classique, poésie pétrarquisante, roman feuilleton...). L'un des intérêts de la démarche pragmatique est justement, par la reconfiguration du champ qu'elle suscite, de restituer une lisibilité à de vastes ensembles de textes.

Telle qu'elle est présentée dans cet ouvrage, la démarche pragmatique se place dans le prolongement de la critique structuraliste, mais rompt avec certains de ses présupposés majeurs. Elle la prolonge en ce sens qu'elle prend acte du geste qui a libéré le texte de sa sujétion à l'analyse biographique et sociologiste. Mais elle rompt avec elle en soulignant les impasses où conduit une conception du texte comme structure détachée de l'activité énonciative. Structuralisme et pragmatique ont néanmoins en commun d'avoir émergé à l'extérieur du champ des études littéraires. Si l'un et l'autre ont d'importantes répercussions dans ce domaine c'est parce qu'inévitablement toute conception nouvelle du langage a une incidence sur l'appréhension de la littérature. Il en résulte une relation indirecte qu'il convient de ne jamais perdre de vue. Ce livre ne sera donc pas un manuel de théorie littéraire ; il vise seulement à introduire dans le champ de la littérature quelques notions de pragmatique qui nous semblent devoir y être fécondes. Nous parcourons le chemin qui va de ces notions aux œuvres littéraires, et non le chemin inverse qui ferait de la pragmatique la réponse à tous les problèmes que peut rencontrer l'analyse de la littérature.

Dans l'état actuel des choses, toute présentation systématique de ce qui se réclame de la pragmatique est hors de propos tant l'hétérogénéité de ce domaine est grande. Comme la littérature peut exploiter toutes les virtualités des langues naturelles et que la pragmatique est moins un secteur de l'analyse linguistique qu'une modification du regard porté sur le langage, c'est en droit la totalité des phénomènes langagiers qui aurait pu figurer dans ce livre. Il nous a donc fallu définir notre parcours en tenant compte des questions déjà évoquées dans les *Éléments de linguistique*, des nécessités matérielles et didactiques et, bien sûr, de nos options personnelles. Au-delà des concepts et du détail des analyses, il importe avant tout d'être sensible à ce qui caractérise une *démarche* pragmatique qui suppose un renouvellement de notre regard sur les textes.

Après avoir esquissé le cadre de la pragmatique (chapitre 1), nous avons retenu diverses problématiques, étroitement liées : celle de l'énonciation littéraire comme acte de *lecture* (chapitre 2) ; celle de *l'argumentation linguistique* (chapitre 3) ; celle de *l'implicite* à travers la classique distinction entre présupposé et sous-entendu (chapitre 4) ; celle des *lois du discours* (chapitre 5). Nous débouchons alors sur une conception de l'œuvre comme *contrat* (chapitre 6). Nous mettons enfin l'accent sur une question récurrente dans cet ouvrage, la singularité de *l'énonciation théâtrale* (chapitre 7), avant de clore sur la réflexivité de l'œuvre, appréhendée à travers le paradoxe énonciatif des *bouclages textuels* (chapitre 8).

On peut s'étonner que notre titre parle *du* discours littéraire quand l'air du temps insiste plus volontiers sur la multiplicité de ses manifestations. Parler *des* discours littéraires n'aurait été qu'une vaine échappatoire : qu'ont en commun ces discours pour être dits précisément « littéraires » ? Comme notre projet est seulement d'introduire certains concepts qui nous semblent utiles pour l'analyse des textes, nous avons délibérément renoncé à aborder le problème posé par l'unité du phénomène littéraire dans le temps et l'espace. Nous nous sommes contenté de puiser nos exemples dans le corpus pleinement reconnu comme littéraire dans notre société.

Table des matières

1. Notions de pragmatique

Une préoccupation ancienne

La pragmatique, à la confluence de réflexions de provenances diverses, se laisse difficilement circonscrire. D'un côté on a l'impression qu'elle n'a envahi que récemment les sciences humaines, de l'autre on l'entend évoquer pour des considérations sur le langage qui sont fort anciennes. En fait, on ne confondra pas la prise en compte de phénomènes aujourd'hui considérés comme relevant de la pragmatique avec la constitution d'un réseau conceptuel délibérément pragmatique. Dès l'émergence en Grèce d'une pensée linguistique, on a vu se manifester un grand intérêt pour ce qui touche à l'efficacité du discours en situation. La rhétorique, l'étude de la force persuasive du discours, s'inscrit pleinement dans le domaine que balise à présent la pragmatique. On pourrait décrire schématiquement l'histoire de la réflexion européenne sur le langage comme la conséquence de cette dissociation fondatrice entre le *logique* et le *rhétorique*. Le premier, articulé sur une ontologie, se pose la question des conditions de l'énoncé vrai à travers une analyse de la proposition ; l'autre, apanage des sophistes et des rhéteurs, laisse de côté la question de la vérité pour appréhender le langage comme discours producteur d'effets, comme puissance d'intervention dans le réel.

Cependant, les deux voies interfèrent souvent. Dans la célèbre *Logique* dite « de Port-Royal »[1] se glissent à côté de développements proprement logiques des considérations d'ordre nettement pragmatique. Celles-ci par exemple :

---

1. A. Arnauld et P. Nicole, *La logique ou l'art de penser*, 1662 (texte remanié jusqu'à l'édition de 1683), rééd. Flammarion, 1970.

> Il arrive souvent qu'un mot, outre l'idée principale que l'on regarde comme la signification propre de ce mot, excite plusieurs autres idées qu'on peut appeler accessoires, auxquelles on ne prend pas garde, quoique l'esprit en reçoive l'impression. Par exemple si l'on dit à une personne, vous en avez menti, et que l'on ne regarde que la signification principale de cette expression, c'est la même chose que si on lui disait : vous savez le contraire de ce que vous dites. Mais outre cette signification principale, ces paroles emportent dans l'usage une idée de mépris et d'outrage, et elles font croire que celui qui nous les dit ne se soucie pas de nous faire injure, ce qui les rend injurieuses et offensantes.

> (I, XIV)

Ici grâce au concept d'« idée accessoire », les auteurs tentent de séparer le contenu propositionnel de l'énoncé et ce qu'on appellera plus tard sa « force illocutoire », en l'occurrence sa valeur d'insulte. Par là même, il s'agit de prendre acte de la complexité de « l'usage » de la langue tout en préservant l'autonomie et la primauté du logique. Dans le même ordre d'idées, les logiciens de Port-Royal s'interrogent sur l'énigmatique pouvoir qu'a l'énonciation de la formule « *hoc est corpus meum* » (ceci est mon corps) de transformer réellement, pour le fidèle, le pain en corps du Christ.

La grammaire elle-même au cours de sa longue histoire n'avait pas manqué de prendre en considération un grand nombre de phénomènes aujourd'hui investis par la pragmatique. L'étude du mode, du temps, de la détermination nominale, du discours rapporté, des interjections, etc. supposait la prise en compte de l'activité énonciative. Mais la préoccupation essentiellement morphosyntaxique qu'avait la tradition grammaticale rejetait à la périphérie le caractère pragmatique de ces phénomènes. Ainsi un élément tel *franchement* dans *Franchement, qu'en penses-tu ?* était-il envisagé avant tout comme « adverbe de phrase », c'est-à-dire par sa nature et sa portée, et non à travers sa valeur interlocutoire.

De manière très grossière, on pourrait voir dans la réflexion pragmatique un effort pour repenser la coupure entre le logique et le rhétorique ou, quand elle se fait plus délibérément linguistique, pour repenser la coupure entre la structure grammaticale et son utilisation. En d'autres termes, il y a pragmatique linguistique si l'on considère que l'utilisation du langage, son appropriation par un énonciateur s'adressant à un allocutaire dans un contexte déterminé, ne s'ajoute pas de l'extérieur à un énoncé en droit autosuffisant, mais que la structure du langage est radicalement conditionnée par le fait qu'il est mobilisé par des énonciations singulières et produit un certain effet à l'intérieur d'un certain contexte, verbal et non-verbal.

Le partage entre les multiples écoles de la pragmatique linguistique s'opère d'ailleurs sur cette base. A un pôle se tiennent les minimalistes, ceux qui font du pragmatique une composante parmi d'autres de la linguistique, à côté de la syntaxe et de la sémantique. A l'autre pôle on trouve ceux qui distribuent le pragmatique sur l'ensemble de l'espace linguistique ; il n'existe dès lors plus de phénomènes linguistiques qui puissent lui échapper. Mais cette confusion est encore aggravée par le fait que les linguistes ne sont pas les seuls concernés par la pragmatique. En effet, si on la définit comme l'« étude du langage en contexte », cela ne préjuge en rien de la discipline qui doit prendre en charge cette étude ; du sociologue au logicien les préoccupations pragmatiques traversent l'ensemble des recherches qui ont affaire au sens et à la communication. On voit ainsi souvent la pragmatique déborder le cadre du discours pour devenir une théorie générale de l'*action* humaine.

Ces facteurs de diversification permettent de comprendre pourquoi la pragmatique se présente comme un conglomérat de domaines perméables les uns aux autres, tous soucieux d'étudier « le langage en contexte ». Il existe indéniablement quelques traits récurrents, quelques nœuds conceptuels privilégiés, mais qui font l'objet d'élaborations variées.

Sémantique et pragmatique

La délimitation de la pragmatique comme domaine spécifique de l'étude du langage est communément attribuée non à un linguiste mais au philosophe et sémioticien américain, C.Morris (*Foundations of the theory of signs,* 1938), qui dans le cadre d'une théorie générale de la « sémiosis », de la signification, divisait l'appréhension de tout langage (formel ou naturel) en trois domaines :

1) la syntaxe
2) la sémantique
3) la pragmatique

qui correspondent aux trois relations fondamentales qu'entretiennent les signes : avec d'autres signes *(syntaxe)*, avec ce qu'ils désignent *(sémantique)*, avec leurs utilisateurs *(pragmatique)*.

La pensée de Morris n'est pas univoque. Il semble hésiter entre l'idée que la composante pragmatique traverse la composante sémantique (dans ce cas les signes auraient à la fois une dimension pragmatique et une dimension sémantique) et l'idée qu'elle s'occupe seulement d'un ensemble de phénomènes résiduels d'ordre psycho-sociologique laissés pour compte par la syntaxe et la sémantique. Mais, comme cela arrive souvent, c'est la version la plus pauvre de la tripartition de Morris qui a été retenue : la pragmatique a été conçue comme cette discipline annexe qui s'intéresserait à ce que les usagers *font* avec les énoncés (« pragmatique » vient du grec *pragma*, « action ») alors que la sémantique était censée traiter de leur contenu représentatif, identifié à leurs « conditions de vérité », c'est-à-dire aux conditions requises pour que les énoncés soient vrais.

Dans cette conception la pragmatique est dissociée de la sémantique, l'usage est séparé du sens, le « dire » du « dit ». On devine que c'est sur cette coupure que va se concentrer le débat, entre ceux qui veulent la maintenir et ceux qui veulent la faire disparaître. Y a-t-il une part du composant sémantique qui échappe au pragmatique ? Si oui, laquelle ? Peut-on appréhender le sens d'un énoncé indépendamment de son énonciation ? Pour beaucoup la position de compromis la plus aisément admissible consiste à distinguer une sémantique représentationnelle qui étudierait les conditions de vérité d'une phrase et une sémantique « pragmatique » qui prendrait en compte ce qui échappe à la première : en particulier les « embrayeurs », que nous allons évoquer dans un instant. La pragmatique se présenterait ainsi comme l'étude non des phrases comme *types*, hors contexte, mais des *occurrences* des phrases, de cet événement singulier qu'est chaque acte d'énonciation.

La réflexion pragmatique se présente donc comme un travail d'*articulation* de domaines traditionnellement disjoints par le savoir. Une des dichotomies fondamentales sur lesquelles s'est exercé sa critique est celle entre énoncé et contexte. Cela s'est traduit en particulier par l'attention portée à ce que les logiciens appellent « éléments indexicaux » et les linguistes, à la suite de Jakobson, « embrayeurs » : *je, tu*, déictiques temporels (*maintenant, demain...*) ou spatiaux (*ici, à gauche...*). C'est là une problématique bien connue qui souligne qu'il existe des unités linguistiques dont l'interprétation passe nécessairement par une prise en compte de leur « occurrence ».

En fait, ce n'est pas tant le fait que ces embrayeurs aient un référent différent à chaque énonciation qui a ici force critique mais bien plutôt ses conséquences sur notre appréhension des langues naturelles : une langue apparaît comme un système organisé à partir d'un foyer, l'activité énonciative elle-même, aussi rigoureusement inscrit dans la langue que la syntaxe ou la morphologie. Certes le *tu* prend une valeur nouvelle à chaque fois, mais la nécessité de rapporter l'énoncé à un destinataire s'impose à toute énonciation ; certes, la référence d'un groupe nominal comme « le garçon » variera selon les énonciations, mais les règles en vertu desquelles le destinataire peut déterminer le référent d'un nom précédé d'un article défini ne peuvent qu'être constantes.

À elle seule, la prise en compte des embrayeurs n'aurait certainement pas suffi à donner au courant pragmatique toute sa force. L'impulsion décisive est venue de la réflexion sur les **actes de langage** qui a été plus loin dans la mise en cause de la dissociation entre sémantique et pragmatique, en s'attaquant à l'idée que le sens d'un énoncé coïncide avec l'état du monde qu'il représente, indépendamment de son énonciation. C'est en particulier le fruit des recherches du philosophe britannique John Austin.

Les actes de langage

Dans son livre de 1962 *How to do things with words*[1] Austin commence par s'intéresser à des verbes comme *jurer* ou *baptiser*, qu'il appelle **verbes performatifs**. Ces verbes présentent la singularité d'accomplir ce qu'ils disent, d'instaurer une réalité nouvelle par le seul fait de leur énonciation. Ainsi, dire « je te baptise » ou « je le jure » c'est baptiser ou jurer ; réciproquement, pour accomplir l'acte de baptiser ou de jurer il faut dire « je te baptise » ou « je le jure ». De tels énoncés ne peuvent être dits vrai ou faux ; à leur propos, on peut seulement se demander si l'acte que tout à la fois ils désignent et accomplissent est « réussi » ou non, s'il y a effectivement baptême ou serment. Ces verbes performatifs s'opposent aux autres, qu'Austin appelle « constatifs », qui sont censés décrire un état du monde indépendant de leur énonciation (« je cours », « j'aime mon pays »...) et peuvent être vrais ou faux. En mettant l'accent sur cette classe singulière de verbes Austin entend critiquer « l'erreur descriptiviste » selon laquelle la fonction essentielle, voire unique, du langage serait de représenter des états du monde.

---

1. Traduit en français sous le titre *Quand dire c'est faire*, Seuil, 1970.

Nous avons parlé de « verbes performatifs », mais il vaudrait mieux parler d'*énonciation performative*. En effet, hors emploi il n'existe pas de verbe performatif. Si l'on dit « Paul baptise les enfants par immersion », « je l'ai promis hier » ou « je le jure souvent », on n'accomplit aucune action ; il s'agit d'énoncés constatifs où l'on décrit un état de choses indépendant de l'acte énonciatif. On le voit, l'énonciation performative implique un présent ponctuel et un JE. Les deux éléments sont liés de manière cruciale, puisque la performativité suppose une exacte coïncidence entre le sujet de l'énonciation et le sujet de l'énoncé, celui du dire et celui du dit : quand on dit « je le jure » le JE ne réfère pas à celui qui parle comme à une personne du monde (comme si l'on disait « Paul » ou « mon frère »), mais à l'énonciateur même en tant qu'il est l'énonciateur.

Mais progressivement, Austin va renoncer à cette distinction entre « énoncé constatif » et « énoncé performatif ». Il lui apparaît en effet impossible de trouver des énonciations dénuées de valeur performative, qui ne feraient que représenter le monde. Même un énoncé qui semble purement descriptif comme « il pleut » instaure une réalité nouvelle, accomplit lui aussi une action, en l'occurrence un acte d'affirmation. Pour Austin, entre « il pleut » et « j'affirme qu'il pleut » il n'y aurait qu'une différence d'explicitation ; le performatif serait « explicite » dans le second cas et « primaire » dans le premier. Certes, des actions comme « soutenir », « affirmer », « ordonner »... sont verbales ; elles ne sont pas de même type que des actions « institutionnelles » comme jurer, baptiser ou décréter, mais il s'agit dans les deux cas d'**actes de langage** (on rencontre aussi les termes **actes de parole** et **actes de discours**).

Il en résulte que toute énonciation a une dimension **illocutoire** (ou **illocutionnaire**) ; l'« illocutoire » est donc un concept plus compréhensif que celui de « performatif ». Ce qu'on appelle le « sens » d'un énoncé associe deux composants : à côté du **contenu propositionnel**, de sa valeur descriptive (qui serait la même dans « Paul part » et « Paul, pars »), il y a une **force illocutoire** qui indique quel type d'acte de langage est accompli quand on l'énonce, comment il doit être reçu par le destinataire : il peut s'agir d'une requête, d'une menace, d'une suggestion, etc. Parler, c'est donc communiquer également le fait que l'on communique, intégrer dans l'énonciation la manière dont celle-ci doit être saisie par le destinataire. L'interprétation de l'énoncé n'est aboutie, l'acte de langage n'est réussi que si le destinataire reconnaît l'intention associée conventionnellement à son énonciation. Ainsi, pour que l'acte d'ordonner soit réussi il faut et il suffit que le destinataire comprenne que c'est un ordre qui lui est adressé. Il peut y parvenir en s'aidant de marqueurs univoques (une structure impérative ou un « préfixe performatif » comme « je t'ordonne »), de l'intonation ou du contexte.

Austin distingue plus précisément trois activités complémentaires dans l'énonciation. Proférer un énoncé, c'est à la fois :

— réaliser un acte **locutoire**, produire une suite de sons dotée d'un sens dans une langue ;

— réaliser un acte **illocutoire,** produire un énoncé auquel est attachée conventionnellement, à travers le dire même, une certaine « force » ;

— réaliser une action **perlocutoire,** c'est-à-dire provoquer des effets dans la situation au moyen de la parole (par exemple on peut poser une question (acte illocutoire) pour interrompre quelqu'un, pour l'embarrasser, pour montrer qu'on est là, etc.). Le domaine du perlocutoire sort du cadre proprement langagier.

Cette problématique des actes de langage a ouvert des débats aussi considérables que subtils que nous ne pouvons exposer ici. On signalera seulement le problème soulevé par les **actes de langage indirects**.

Il s'agit d'actes de langage qui sont accomplis non plus directement mais à travers d'autres. C'est ainsi que « voulez-vous me passer la confiture ? » constitue directement, littéralement, une question, mais doit être déchiffré par le destinataire comme une requête. On se heurte ici au paradoxe d'une intention ouvertement déguisée. La requête est « déguisée » parce qu'elle se masque derrière une question, mais elle est aussi « ouverte » puisque le passage de l'acte de langage primitif à l'acte dérivé s'accomplit de manière codée chez les francophones : dès qu'on entend cette question on l'interprète immédiatement comme une requête. On s'est donc intéressé aux mécanismes qui permettent au destinataire de dériver l'interprétation indirecte. Pour des formules codées comme « voulez-vous... ? » ou « pouvez-vous... ? », cela soulève de bien moindres difficultés que dans des tours plus allusifs. Par exemple, si de l'énoncé « Il est tard » il faut dériver « partez ! » ; dans ce cas, on doit faire massivement appel aux « lois du discours » (voir *infra* chapitre 5).

Mais, dès qu'on aborde le problème du sens littéral et du sens dérivé, on rencontre inévitablement bien d'autres questions brûlantes, celle des tropes en particulier : comment interprète-t-on par exemple des énoncés métaphoriques comme « Paul est une andouille » ? On en est même venu à se demander si, contrairement à ce que pensait Austin, dans des énoncés à « préfixe » performatif (« *j'affirme* qu'il pleut », « *je suggère* qu'il fait beau »...), on n'aurait pas affaire à des énoncés indirects : est-ce que dire qu'on affirme ou qu'on suggère c'est accomplir directement l'acte de langage correspondant ou seulement en parler ? Entre « il pleut » et « j'affirme qu'il pleut », lequel est primitif ? La réponse à ce type de questions engage nécessairement des options philosophiques sur la nature du sens et du langage[1].

Les conditions de réussite

Nous avons dit qu'un acte de langage n'était pas vrai ou faux mais « réussi » ou non. Cette distinction a de grandes conséquences, puisqu'elle concerne le mode d'inscription des énoncés dans la réalité. Au-delà du seul respect des règles proprement grammaticales, il apparaît qu'il existe un certain nombre de conditions de réussite pour un acte de langage. N'importe qui ne peut pas dire n'importe quoi en n'importe quelles circonstances, et cet ensemble de conditions rend l'acte de langage pertinent ou non, légitime ou non. Cela ne vaut pas seulement pour ces institutions exemplaires que sont la Justice, l'Église, l'armée..., qui réglementent strictement certains exercices du discours. Un acte aussi anodin que donner un ordre, par exemple, implique une supériorité de la part de l'énonciateur, la possibilité matérielle pour le destinataire d'accomplir ce qui est attendu de lui, etc. Même l'acte d'asserter, de poser un énoncé comme vrai, est soumis à des conditions de réussite : l'énonciateur est censé savoir de quoi il parle, être sincère, être capable de se porter garant de ce qu'il avance. Il en ressort que tout acte de langage implique un réseau de droits et d'obligations, un cadre juridique spécifique pour l'énonciateur et le destinataire.

On en vient alors à se demander si l'acte est effectivement accompli si par hasard ces conditions de réussite ne sont pas toutes réunies. Quelqu'un qui promet de faire quelque chose qu'il

---

1. Sur ces questions, voir *les Énoncés performatifs* de F. Récanati, Paris, Minuit, 1981.

sait irréalisable, ou qui, hors de tout contexte judiciaire, dit à son voisin qu'il le condamne à la prison accomplit-il les actes de langage correspondants ? Le sujet a été très débattu. Pour notre part, nous considérons que l'acte de langage est effectivement accompli même s'il est reçu comme nul et non avenu. En effet, tout acte de langage prétend par son énonciation même à la légitimité. En d'autres termes, celui qui profère un acte de langage ne passe pas d'abord en revue l'ensemble des conditions requises pour le faire, mais, *du seul fait qu'il énonce*, implique que ces conditions sont bien réunies. Pour dire « je vous aime » à la reine, Ruy Blas, valet déguisé en grand d'Espagne, n'attend pas d'en avoir le droit, mais il se le donne par son énonciation au nom de l'idée qu'il se fait de la véritable noblesse.

La profération d'un acte de langage définit nécessairement un rapport de *places* de part et d'autre, une demande de reconnaissance de la place que chacun s'y voit assigner : qui suis-je pour lui parler ainsi ? qui est-il pour que je lui parle ainsi ? pour qui se/me prend-il pour me parler ainsi ? etc. En dernière instance, c'est la question de l'*identité* qui est ici engagée. Le plus souvent ce jeu passe inaperçu, mais il arrive que le discours, au lieu de confirmer les attentes, suppose une nouvelle répartition des places ; ainsi quand dans *l'Île des esclaves* de Marivaux les esclaves se mettent à donner des ordres aux maîtres. Dans ce cas le coup de force discursif est médiatisé par l'île, étrange pays où les esclaves sont les maîtres. Plus intéressant est le cas du Satyre de la *Légende des siècles* hugolienne ; convoqué par l'assemblée des dieux, mis en position d'inférieur et d'accusé, le Satyre, loin de se soumettre, se lance dans un violent réquisitoire dans lequel il prédit la disparition de ses auditeurs, les dieux qui le jugent, et conclut par ces mots :

Place à Tout Je suis Pan ; Jupiter ! à genoux.

Par son ordre, il accomplit discursivement le renversement de l'autorité et s'attribue l'identité correspondante, celle d'un nouveau principe divin. En filigrane, on peut y lire une théâtralisation de la *force* de la parole poétique hugolienne elle-même, qui est celle de Dieu :

Car le mot c'est le verbe et le Verbe c'est Dieu

écrit-il dans les *Châtiments*. C'est la parole de l'écrivain proscrit qui prévaudra contre une puissance politique inique. Ce faisant, Hugo ne fait que pousser à la limite la prétention illocutoire de toute énonciation.

Classer les actes de langage

On s'est employé, et Austin lui-même, à classer les actes de langage ou, plus exactement, les verbes permettant de les exprimer. Il existe des dizaines de tentatives en la matière. La tâche est très ardue ; il n'y a pas accord sur la liste des éléments concernés ni sur les critères pertinents. Pour donner une idée des catégories dont on se sert nous donnons la classification de F. Récanati[1] elle-même inspirée du philosophe J. Searle :

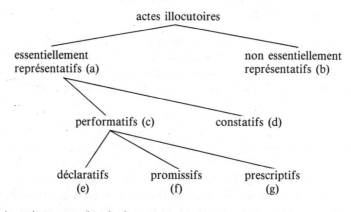

(a) représentant un état de choses
(b) exprimant une attitude sociale (*remercier, s'excuser...*)
(c) présentant l'état de choses comme à réaliser par l'énonciation (*baptiser, ordonner...*)
(d) présentant l'état de choses comme donné indépendamment de l'acte d'énonciation (*affirmer, prétendre...*)
(e) la transformation de l'état de choses est immédiate car provoquée par l'énonciation même (*condamner, décréter...*)
(f) la transformation est à la charge du locuteur (*promettre...*)
(g) la tranformation est à la charge du destinataire (*ordonner...*) ; l'acte exprime l'intention que le destinataire accomplisse l'état de choses à cause de l'énonciation de cette intention.

Mais l'établissement d'une classification exhaustive est fort problématique. Faut-il postuler autant d'actes dans une langue qu'il y a de verbes pour les exprimer ? Chaque verbe implique-t-il un acte distinct ? Par exemple *soutenir* et *prétendre* sont-ils nécessairement des actes différents ? Ces actes sont-ils relatifs aux

1. *Op. cit.*, chap. 6.

diverses langues naturelles ou peut-on établir une classification indépendante d'elles ? De nombreux verbes ne participent-ils pas à la fois de diverses catégories ? On notera qu'il existe dans la langue des formules illocutoires auxquelles ne semble correspondre aucun verbe précis : « *Au diable* l'avarice ! » « *Honte à toi* qui la première / M'a appris la trahison » (Musset)... Dans le même ordre d'idées on remarquera que, si « Salaud ! » constitue une insulte, ce n'est pas le cas pour « je t'insulte ».

Les verbes performatifs ne sont eux-mêmes qu'un des ensembles de verbes qui permettent de modaliser un énoncé. Traditionnellement, on les distingue des verbes que les logiciens nomment **verbes d'attitude propositionnelle**. Alors que les premiers accomplissent un acte de langage, les seconds manifestent l'adhésion de l'énonciateur à son énoncé, qu'il s'agisse des **verbes d'opinion** (*croire, savoir, estimer*...) qui portent sur la vérité du contenu de la proposition, ou des **verbes affectifs** (*se réjouir, regretter*...). Tous ces verbes ont la particularité de pouvoir figurer dans deux positions, comme introducteurs ou en position parenthétique (en incise) :

> J'affirme (je crois / je me réjouis) qu'il est (soit) là avec Léon
> Il est là avec Léon, je l'affirme (je crois / je m'en réjouis)
> Il est là, je l'affirme (je crois / je m'en réjouis), avec Léon

Bien évidemment, ces deux positions n'ont pas la même incidence sémantique. En position d'introducteur le verbe impose une interprétation à l'ensemble de l'énoncé qui le suit, alors qu'en incise il semble accompagner de manière contingente l'énoncé, comme pour corriger le risque d'une mauvaise interprétation.

Tous ces verbes mettent en évidence un fait crucial, trop souvent négligé : le dit est inséparable du dire, l'énoncé est en quelque sorte doublé par une sorte de commentaire de l'énonciateur sur sa propre énonciation.

Les macro-actes de langage

Quand on s'intéresse non à des énoncés isolés mais à des textes, comme c'est le cas en littérature, on ne peut se contenter de travailler avec des actes de langage élémentaires (promettre, prédire...). La pragmatique *textuelle* est confrontée à des séquences plus ou moins longues d'actes de langage qui permettent d'établir à un niveau supérieur une valeur illocutoire globale, celle de

macro-actes de langage. On retrouve ici la problématique des *genres de discours ;* si le destinataire comprend à quel genre (un toast en fin de banquet, un sermon dominical, un pamphlet politique etc.) appartient un ensemble d'énoncés, il en a une interprétation adéquate, qui ne résulte pas de la simple somme des actes de langage élémentaires. Cela est très bien illustré dans *Du côté de chez Swann* :

> Odette depuis un moment donnait des signes d'émotion et d'incertitude. À défaut du sens de ce discours, elle comprenait qu'il pouvait rentrer dans le genre commun des « laïus » et scènes de reproches ou de supplications, dont l'habitude qu'elle avait des hommes lui permettait, sans s'attacher au détail des mots, de conclure qu'ils ne les prononceraient pas s'ils n'étaient pas amoureux, que du moment qu'ils étaient amoureux, il était inutile de leur obéir, qu'ils ne le seraient que plus après.
>
> (Gallimard, « folio » p. 345).

Odette n'a pas compris le détail des énoncés de Swann, mais, comme elle a saisi de quel type de macro-acte il s'agissait, elle sait comment réagir de manière appropriée.

Il n'est même pas besoin que l'énoncé soit complexe pour que le problème se pose. Ainsi, interpréter correctement un proverbe c'est y voir non seulement une assertion (par exemple « À père avare fils prodigue ») mais aussi un genre de discours spécifique auquel correspond un macro-acte spécifique. Le destinataire devra en particulier comprendre que l'énonciateur ne parle pas en son nom, mais en celui de la sagesse des nations, qu'il énonce quelque chose qui est censé s'appliquer à la situation d'énonciation, etc. Là encore, il y a des conditions de réussite requises. La problématique des **genres** s'avère donc ici cruciale ; dès qu'il a identifié de quel genre relève un texte, le récepteur est capable de l'interpréter et de se comporter de manière adéquate à son égard. Faute de quoi, il peut se produire une véritable paralysie.

On peut même aller plus loin que les multiples genres de la littérature et soutenir que le discours littéraire en tant que tel constitue une sorte de méta-genre qui suppose un rituel spécifique et des conditions de réussite ; un texte littéraire n'est pas reçu de manière adéquate s'il n'est pas interprété comme littéraire. On se souvient de l'émoi suscité par l'article de journal dans lequel M. Duras disait « savoir » que Christine Villemin avait tué son enfant ; selon que ce texte était ou non interprété comme de la littérature, il entrait dans des circuits de légitimation totalement distincts. Y voir de la littérature c'était suspendre tout rapport au réel et soustraire l'auteur à toute responsabilité.

Sur ce point, l'exemple de Don Quichotte est particulièrement didactique. Sa folie consiste en cela qu'il prend les légendes pour des assertions non fictives, qu'il ne reçoit pas le texte conformément aux partages discursifs canoniques. Cette erreur de pragmatique textuelle va avoir une incidence pragmatique non textuelle, puisqu'il part sur les routes pour redresser les torts. La subtilité du tour de Cervantes est que cette confrontation à la réalité est elle-même fictive...

Dire / Montrer

La théorie des actes de langage affirme que tout énoncé recèle une dimension illocutoire. Mais cette composante sémantique ne se présente pas de la même manière que son contenu propositionnel. Si l'on emploie, par exemple, un impératif pour donner un ordre, on ne *dit* pas dans l'énoncé que c'est un ordre mais on le *montre* en le disant. De même, si on produit l'énoncé « il pleut » on ne *dit* pas que c'est une assertion, on le *montre* à travers son énonciation. Pour que l'acte de langage soit réussi, il faut que l'énonciateur parvienne à faire reconnaître au destinataire son intention d'accomplir un certain acte, celui-là même qu'il montre en énonçant. Un énoncé n'est pleinement un énoncé que s'il se présente comme exprimant une intention de ce type à l'égard du destinataire et le sens de l'énoncé est cette intention même.

Ce sens qui se « montre » nous conduit au cœur du dispositif pragmatique, à la réflexivité de l'énonciation, c'est-à-dire au fait que l'acte d'énonciation se réfléchit dans l'énoncé. Pour une conception du langage naïve les énoncés sont en quelque sorte transparents ; ils sont censés s'effacer devant l'état de choses qu'ils représentent. En revanche, dans la perspective pragmatique un énoncé ne parvient à représenter un état de choses distinct de lui que s'il **montre** aussi sa propre énonciation. Dire quelque chose apparaît inséparable du geste qui consiste à montrer qu'on le dit. Cela se manifeste non seulement à travers les actes de langage, mais aussi à travers les embrayeurs ; tout énoncé a des marques de personne et de temps qui réfléchissent son énonciation, il se pose en montrant l'acte qui le fait surgir.

Il serait donc réducteur d'opposer, comme on le fait souvent, un usage « ordinaire » du langage où ce dernier serait transparent et utilitaire à un usage « littéraire » où il s'opacifierait en se prenant lui-même pour fin. On aura reconnu le thème structuraliste de l'« intransitivité » du langage littéraire. En fait, l'idée d'un langage idéalement transparent aux choses n'est même pas vrai pour le discours le plus ordinaire puisque l'énonciation laisse toujours sa trace dans l'énoncé, que le langage ne peut désigner qu'en se désignant.

Le langage comme institution

Pour que les actes de langage soient réussis, il faut, on l'a vu, que soient réunies certaines conditions. L'acte de saluer, par exemple, est énoncé de manière appropriée si l'on voit quelqu'un pour la première fois de la journée, s'il existe un lien entre les interlocuteurs qui exige qu'on le fasse, si le destinataire est capable de le percevoir, s'il est accompagné d'une certaine mimique et d'une certaine gestuelle, etc. Cet acte ne prend sens qu'à l'intérieur d'un code, de règles partagées à travers lequel il est possible de faire reconnaître à autrui qu'on accomplit l'acte en question.

Le langage définit ainsi une vaste **institution** qui garantit la validité et le sens de chacun des actes dans l'exercice du discours. Il apparaît qu'on ne peut séparer radicalement actes de langage et actes proprement sociaux ; entre *affirmer* et *baptiser* il n'y a pas solution de continuité, mais des actes situés sur des pôles opposés de la même échelle. Bien souvent, la réussite de l'acte de langage fait appel à la fois à des conditions sociales et à des conditions linguistiques. On doit néanmoins distinguer les actes dont la réussite est véritablement sanctionnée par la société (ainsi baptiser ou marier sont déclarés ou non valides par l'Église ou la justice) de ceux qui sont effectivement accomplis par leur seule énonciation (demander, suggérer...).

Quand Saussure définissait la « langue » comme une institution, il l'envisageait comme un « trésor » de signes transmis de génération en génération, renvoyant l'activité langagière à la « parole » ; la pragmatique maintient l'idée que la langue est une institution, mais elle lui confère un relief nouveau. Cela va de pair avec un déplacement significatif de la notion de « code linguistique ». Dans la linguistique structurale, le code était rapporté

aux systèmes de transmission d'informations (encodage/déco-
dage....) alors que pour la pragmatique ce terme renoue avec son
acception juridique, l'activité discursive étant supposée régie par
une *déontologie* complexe, suspendue à la question de la légitimité. Dans cette perspective, *parler et montrer qu'on a le droit
de parler comme on le fait ne sont pas séparables.*

Si l'activité discursive est gouvernée par des principes censés
connus d'interlocuteurs qui les revendiquent pour agir sur autrui,
on débouche très naturellement sur une problématique des *règles
du jeu.*

Dans le *Cours de linguistique générale* de Saussure, la célèbre
comparaison de la « langue » avec un jeu d'échecs permet d'illustrer les concepts de valeur et de synchronie. Ce qui, en revanche,
intéresse la pragmatique, c'est avant tout la dynamique même de
la partie, sa dimension agonique. Comme au tennis ou aux échecs,
les partenaires de l'échange verbal participent à un même jeu, qui
offre les conditions d'un affrontement ritualisé fait de stratégies
locales ou globales, sans cesse redéfinies en fonction des anticipations des protagonistes.

Le philosophe du langage John Searle a insisté sur le caractère
constitutif de ces règles du jeu. Alors que les règles de la circulation routière ne font que réguler une activité indépendante d'elles,
les règles du tennis comme celles de l'échange discursif *constituent* ces activités ; gagner un set ou engager n'ont de sens que
dans et par cette institution ludique qu'est le tennis (en dehors
du tennis, envoyer une balle derrière un filet n'est pas engager),
affirmer, promettre, demander... n'ont de sens que dans et par
l'institution langagière. Dans la continuité de la pensée d'Austin,
le langage apparaît donc comme une institution permettant
d'accomplir des actes qui ne prennent sens qu'à travers elle.

Cela ne veut pas dire que l'activité discursive soit un jeu sans
conséquences, que l'on opposerait au sérieux de l'univers non verbal. Bien au contraire, en posant que d'une certaine façon dire
c'est faire, en inscrivant le discours dans un cadre institutionnel
la pragmatique tend à contester l'immémoriale opposition entre
les mots et la « réalité » que résume le fameux « words, words,
words » de Hamlet.

Sur cette même ligne de pensée, le discours littéraire apparaît
lui aussi comme une institution, avec ses rituels énonciatifs
dont les genres sont la manifestation la plus évidente. C'est à

l'intérieur de cette institution qu'une églogue ou une comédie prennent sens et, plus largement, que la communication littéraire s'établit de manière appropriée. Ce faisant, la pragmatique développe une conception de la littérature assez différente de celle qu'a imposée le romantisme, qui privilégiait la « vision personnelle » de l'auteur (ou d'un sujet collectif) et reléguait au second plan les rituels discursifs de l'institution littéraire. Dans les sciences humaines, cela va d'ailleurs de pair avec un reflux de la macro-sociologie au profit d'une ethnologie des interactions.

Interaction

La problématique des actes de langage comme l'ensemble des courants pragmatiques accordent un rôle crucial à l'**interaction discursive**, au point que pour certains ce trait suffit à inscrire une recherche dans l'orbite pragmatique. Dès lors que le langage n'est plus conçu comme un moyen pour les locuteurs d'exprimer leurs pensées ou même de transmettre des informations mais plutôt comme une activité qui modifie une situation en faisant reconnaître à autrui une intention pragmatique ; dès lors que l'énonciation est pensée comme un rituel fondé sur des principes de coopération entre les participants du procès énonciatif, l'instance pertinente en matière de discours ne sera plus l'énonciateur mais *le couple que forment locuteur et allocutaire*, l'énonciateur et son **co-énonciateur**, pour reprendre un terme d'A. Culioli. Le JE n'est que le corrélat du TU, un TU virtuel ; le présent de l'énonciation n'est pas seulement celui de l'énonciateur mais un présent partagé, celui de l'interlocution. En cela la pragmatique rompt avec une certaine linguistique structurale, mais donne une force nouvelle à la conception saussurienne qui voyait dans la langue une *institution* dont la stabilité était assurée par l'incessant bruissement des *échanges* verbaux.

On insiste ainsi beaucoup sur l'idée que l'énonciateur construit son énoncé en fonction de ce qu'a déjà dit le co-énonciateur, mais aussi en fonction d'hypothèses qu'il échafaude sur les capacités interprétatives de ce dernier. Le travail d'anticipation, le recours à de subtiles stratégies destinées à contrôler, à contraindre le processus interprétatif, ne sont pas une dimension accessoire mais constitutive du discours. Considérons cet extrait de *Du côté de chez Swann* où Madame Cottard au cours d'un dîner parle à Swann d'une pièce de théâtre à la mode qu'elle n'a pas encore vue :

> Mais vous savez, tout est dans la manière de raconter, dit-elle en voyant que Swann gardait un air grave.
> Et supposant que c'était peut-être parce qu'il n'aimait pas *Francillon* :
> – Du reste je crois que j'aurai une déception. Je ne crois pas que cela vaille *Serge Panine*, l'idole de Mme de Crécy (...)
>
> (Gallimard, « folio », p. 306)

Tout en parlant, elle épie son interlocuteur dont elle cherche à être reconnue. Constatant sa froideur, elle dévie son propos par un « mais » (sur « mais » voir chap. 3) accompagné d'un « vous savez » qui sollicite la connivence du co-énonciateur en lui demandant de partager la responsabilité du dire. Ce changement de cap qui doit lui permettre de regagner le terrain perdu suppose l'élaboration d'une nouvelle stratégie, fondée sur une hypothèse, erronée. « Du reste » assure la continuité de son propos tout en marquant l'ouverture de la nouvelle orientation, fondée sur un repli tactique. Le « je crois » en position d'introducteur associé au futur simple implique une forte prise en charge énonciative, apparemment nécessaire pour rétablir rapidement la situation. L'énoncé qui suit va dans le même sens avec le réemploi du « je crois » et le rappel des goûts d'Odette. Ce rappel est évidemment destiné à obtenir l'adhésion de Swann : comme Mme Cottard sait qu'il est amoureux d'Odette, elle en infère qu'il doit aimer ce qu'aime cette dernière. Adroitement, elle feint d'évoquer comme en passant, comme une information accessoire (« l'idole de Mme de Crécy » est mis en apposition) ce qui en réalité est le pivot de toute sa stratégie, la raison d'être de son énoncé.

Dans cet exemple, il apparaît nettement que le discours se présente moins comme l'expression d'une intériorité qu'un réseau complexe et mouvant de **stratégies** où l'énonciateur tente de se valoriser et de surmonter les menaces de dévalorisation. Sachant que Swann est à la fois un esthète et un homme du monde très en vue, Madame Cottard redoute qu'il ait d'elle une image négative. C'est cette inquiétude qui l'amène à épier ses réactions et à infléchir au moindre péril le cours de son énonciation. Ce comportement a valeur exemplaire : la parole de l'énonciateur doit lui revenir approuvée par les mimiques, les regards du co-énonciateur. La connivence est l'espace dans lequel le discours entend se proférer.

Les énonciateurs ne se contentent donc pas de transmettre des contenus représentatifs, ils s'emploient constamment à se positionner à travers ce qu'ils disent, à s'affirmer en affirmant, en

négociant leur propre émergence dans le discours (« je me per-
mets de vous dire que... »), en anticipant sur les réactions d'autrui
(« vous me direz que... »), etc.

Dans la perspective pragmatique, l'interprétation des énoncés
n'est pas considérée comme un agencement d'unités douées de
sens qu'il suffirait d'identifier et de combiner, mais plutôt comme
un réseau d'instructions permettant au co-énonciateur de construire le sens. Aux hypothèses de l'énonciateur sur son destinataire répondent ainsi celles de ce dernier sur l'énonciateur. Toutes
ces hypothèses s'appuient sur des normes et des lieux communs
que sont censés partager les locuteurs d'une langue quand ils dis-
courent. Il en ressort une radicale *dissymétrie* entre énonciation
et réception, comme l'explique A. Culioli :

> Tout énoncé suppose un acte dissymétrique d'énonciation,
> production et reconnaissance interprétative. Ramener l'énon-
> ciation à la seule production, c'est, en fin de compte, ne pas
> comprendre que l'énonciation n'a pas de sens sans une dou-
> ble intention de signification chez les énonciateurs respectifs.
> Ces derniers sont à la fois émetteur et récepteur, non point
> seulement en succession, mais au moment même de l'énon-
> ciation[1].

On est ainsi amené à donner tout leur poids aux commentaires que fait l'énonciateur sur son propre dire. Reformulant,
anticipant sur les réactions d'autrui, il s'efforce de contrôler
une interprétation qu'en fait il ne peut jamais maîtriser complètement.

La primauté accordée à l'interaction ne signifie pas que tout
énoncé soit en droit un *dialogue*, une conversation tenue par des
individus en présence l'un de l'autre. C'est particulièrement évident pour le discours littéraire dont maint genre suppose une distance essentielle entre l'écrivain et le destinataire, mais c'est vrai
aussi de nombre de genres non littéraires. On ne confondra pas
dialogue et *dimension dialogique* ; tout énoncé est foncièrement
dialogique, en ce sens qu'il ne saurait être valablement analysé
si on ne l'appréhende pas dans son orientation vers autrui. On
retrouve là une des idées fondamentales du linguiste russe
M. Bakhtine dont beaucoup de pragmaticiens se réclament :

---

1. « Sur quelques contradictions en linguistique », *Communications*, n° 20, 1973,
p. 86.

> Tout énoncé est conçu en fonction d'un auditeur, c'est-à-dire de sa *compréhension* et de sa *réponse* – non pas sa réponse immédiate, bien sûr, car il ne faut pas interrompre un orateur ou un conférencier par des remarques personnelles ; mais aussi en fonction de son accord, de son désaccord, ou, pour le dire autrement, de la perception évaluative de l'auditeur (...) Nous savons désormais que tout discours est un discours *dialogique*, orienté vers quelqu'un qui soit capable de le comprendre et d'y donner une réponse, réelle ou virtuelle[1].

Sur un plan plus empirique, cette préoccupation va conduire les linguistes à restituer tout leur poids à des marqueurs pragmatiques souvent négligés. Outre les multiples phénomènes d'hétérogénéité énonciative (discours rapporté, ironie, guillemets etc.) qui font d'un texte un carrefour de voix, on insiste sur ces éléments qui associent selon des dosages variables valeurs d'articulation textuelle, d'argumentation et d'interaction conversationnelle : « Quoi ! », « allons donc ! », « ma foi », « bien » (par ex. dans « je sais bien que... »), « certes » etc. Dans cette perspective, s'est développé un des domaines de recherche les plus actifs de la pragmatique, **l'analyse conversationnelle**, très influencée par la sociologie « ethnométhodologiste » américaine[2]. Ce type de travaux rejoint les recherches sur l'argumentation qui, elles aussi, étudient les jeux subtils que tissent les interlocuteurs au fil de la dynamique communicative ; l'enchaînement de leurs interventions y est étroitement dépendant de stratégies de captation de la parole, d'un travail implicite de négociation permanente. A l'horizon de cette perspective, se dessine l'idée qu'il est possible d'identifier le sens du discours à ses stratégies, à sa dynamique et à son but. On assiste alors à une réévaluation de tout ce qui dans le discours, peut s'exprimer en termes de stratégie. En plaçant en épigraphe de la revue *Sémantikos* l'adage *homo homini lupus* (l'homme est un loup pour l'homme), un pragmaticien comme O. Ducrot montre bien la relation étroite entre sémantique

---

1. T. Todorov, *Mikhail Bakhtine. Le principe dialogique. Suivi de Écrits du Cercle de Bakhtine*, coll. « Poétique », Seuil, 1981, P. 292 et 298.

2. Pour ce courant, on consultera en français *Engager la conversation* de John Gumperz, Paris, Minuit, 1989 ; sur E. Goffman, *le Parler frais d'Erving Goffmann*, actes du colloque dirigé par R. Castel, J. Cosnier et I. Joseph, Paris, Minuit, 1989. Les travaux les plus poussés en matière d'analyse de la conversation sont ceux de « l'école de Genève » ; on peut lire d'E.Roulet et al. *l'Articulation du discours en français contemporain*, Berne, Lang, 1985, et l'ouvrage de J. Moeschler cité à la fin de ce chapitre. Citons encore, sous la direction de J. Cosnier et C. Kerbrat-Orecchioni, *Décrire la conversation*, Presses Universitaires de Lyon, 1989.

et polémique, au sens large. Le dialogue est moins un échange harmonieux d'informations qu'un réseau souple dans lequel chacun cherche à emprisonner son co-énonciateur.

Cette constante présence d'autrui, cet affrontement énonciatif tacite se trahit de mille manières. Il suffit d'orienter la perspective d'analyse dans ce sens dialogique pour qu'une foule d'éléments accèdent à une lisibilité. Le seul fait, par exemple, d'expliciter un préfixe performatif est perçu comme polémique : « il pleut » n'est pas « j'affirme qu'il pleut », ce dernier énoncé supposant un champ de contestation, virtuel ou réel. De la même manière, « je sais qu'il pleut », comparé au simple « il pleut », se colore d'une pointe de réfutation, toute prise en charge énonciative forte apparaissant dirigée contre une autre énonciation. Lorsque Don Diègue dit au Comte « Je le sais, vous servez bien le roi » (*Cid*, I, 3) ce « savoir » est en fait perçu comme un acte de concession aux rodomontades de son interlocuteur. Mais, lorsque Rodrigue dit au même Comte

> Sais-tu que ce vieillard fut la même vertu,
> La vaillance et l'honneur de son temps, le sais-tu ?
>
> (II,2)

sa question ne porte pas vraiment sur l'étendue du savoir du Comte, mais lui apprend par son énonciation même ce qu'il *doit* savoir. Comme dans la prétérition rhétorique où l'on dit ce que l'on prétend ne pas vouloir dire (»je ne peindrai pas... »), ici l'on enseigne, sous couvert de s'informer, des connaissances d'autrui. La répétition du « sais-tu » (repris encore deux fois plus avant dans le texte) théâtralise l'initiative de Rodrigue, son parti-pris d'enfermer sans préambules le Comte dans sa parole. Il apparaît sûr de son bon droit, tant dans le code discursif que dans le code aristocratique ; en se permettant de tutoyer le Comte, de réitérer sa formule et en construisant un interrogatoire il lui impose son discours et par là même le défie, contestant le statut que s'attribue le Comte et celui que le Comte lui attribue.

Un carrefour de voix

La distinction entre *dialogue* et *dimension dialogique* conduit à mettre en évidence la valeur interactive de tout énoncé. Celle-ci ne s'exhibe d'ailleurs pas seulement au théâtre. On a pris l'habitude de renvoyer à la « rhétorique », le plus souvent avec une intention péjorative, les textes de ce type. Mais procéder ainsi c'est se dispenser de les analyser et les exclure implicitement de la véritable littérature, laquelle devrait être « sincère », « sans effets ». Or c'est là une image du discours littéraire héritée du romantisme qui occulte une part considérable du corpus. Même dans un texte narratif autobiographique la dimension dialogique peut se faire particulièrement voyante. Chateaubriand, voyageant en Bohème par une belle nuit, évoque les nuits de Rome et crée le personnage d'une jeune Italienne, Cynthie (nom d'une femme célébrée par le poète latin Properce) :

> Écoutez ! la nymphe Egérie chante au bord de sa fontaine ; le rossignol se fait entendre dans la vigne de l'hypogée des Scipions ; la brise alanguie de la Syrie nous apporte indolemment la senteur des tubéreuses sauvages. Le palmier de la *villa* abandonnée se balance à demi noyé dans l'améthyste et l'azur des clartés phébéennes. Mais toi, pâlie par les reflets de la candeur de Diane, O Cynthie, tu es mille fois plus gracieuse que ce palmier. Les mânes de Délie, de Lalagé, de Lydie, de Lesbie, posées sur des corniches ébréchées, balbutient autour de toi des paroles mystérieuses. Tes regards se croisent avec ceux des étoiles et se mêlent à leurs rayons.
>
> Mais, Cynthie, il n'y a de vrai que le bonheur dont tu peux jouir. Ces constellations si brillantes sur ta tête ne s'harmonisent à tes félicités que par l'illusion d'une perspective trompeuse. Jeune Italienne, le temps fuit ! sur ces tapis de fleurs tes compagnes ont déjà passé.
>
> (*Mémoires d'Outre-Tombe*, IV, V, V)

Il ne s'agit ici nullement d'un texte en situation oratoire, mais on y perçoit clairement la mise en scène de deux interactions imbriquées : l'une entre le narrateur et le lecteur, directement interpellé, l'autre entre le narrateur et le personnage de Cynthie. Ce sont les connexions argumentatives, les vocatifs et les TU qui structurent ce texte où se fondent le *voir* et le *dire*, la construction d'un espace pictural et l'énonciation (cf. l'allusion à la « perspective trompeuse »). Il y a ici une double mise en scène, celle d'un tableau et celle de la parole, une théâtralité à double portée. Une analyse qui oublierait la seconde au profit de la première manque évidemment son objectif.

La perspective pragmatique permet d'insister également sur deux autres points : *l'acte de lecture* et *l'intertextualité*.

On aura noté que le texte de Chateaubriand suppose un lecteur particulièrement cultivé, sachant qui est Cynthie, la nymphe Egérie, Délie, Lalagé, retrouvant Phébus derrière « phébéennes », etc. C'est là un aspect important sur lequel nous reviendrons (au chapitre 2) : le texte construit une certaine position de lecture (en l'occurrence quelqu'un qui aurait une solide culture gréco-latine) et implique par-là un espace de connivence à travers les stratégies de déchiffrement qu'il impose. Mais cela n'exclut nullement des déchiffrements lacunaires, voire erronnés.

En outre, en donnant à son personnage le nom d'une femme célébrée par un poète de l'antiquité romaine, en évoquant Délie, chantée par Tibulle, Lalagé et Lydie chantées par Horace, Lesbie chantée par Catulle, en les subsumant toutes sous le personnage d'Egérie, l'auteur inscrit obliquement son énonciation dans le bruissement de ces paroles poétiques antérieures. Il légitime son dire en mettant en scène sa propre inspiratrice, Cynthie (à la fois antique et actuelle) entourée du « balbutiement » des « paroles mystérieuses » des autres inspiratrices. Au-delà, le texte suppose un dialogisme constitutif entre la littérature de Chateaubriand et la littérature latine, la participation à un espace rhétorique commun et au mode de lecture que celui-ci prescrit.

Transtextualité

Bien des textes apparaissent ainsi comme un véritable carrefour intertextuel où la parole de l'énonciateur est constamment habitée par d'autres, tissée de leur écho.Pendant des siècles, la plus grande part de la littérature française a constitué une sorte de palimpseste ; elle n'était accessible qu'à des lecteurs familiarisés avec la culture gréco-latine. Il existait un vaste espace d'« humanités » deux fois millénaire à l'intérieur duquel circulaient les textes. Mais cette intertextualité n'est qu'un aspect particulièrement voyant d'un phénomène qui concerne l'ensemble des œuvres littéraires, celui de la **transtextualité**, pour reprendre un terme de G. Genette.

Pour ce dernier, l'étude de la littérature coïncide avec celle de la transtextualité, la « transcendance textuelle du texte », « tout ce qui le met en relation, manifeste ou secrète, avec d'autres textes »[1]. Il prolonge la pensée de Bakhtine pour qui « le discours rencontre le discours d'autrui sur tous les chemins qui le mènent

---

1. G. Genette, *Palimpsestes*, Seuil, 1982, p. 7.

vers son objet, et il ne peut pas ne pas entrer avec lui en interaction vive et intense. Seul l'Adam mythique, abordant avec le premier discours un monde vierge et encore non dit, le solitaire Adam, pouvait vraiment éviter absolument cette réorientation mutuelle par rapport au discours d'autrui »[1].

G. Genette distingue plusieurs types de transtextualité :

– l'**intertextualité**, qui suppose la co-présence entre au moins deux textes (allusions, citations, plagiat...), est la relation la plus visible ;

– la **paratextualité** : titre, avertissements, préfaces, postfaces, notes, etc. ;

– la **metatextualité** : les diverses formes de commentaire ;

– l'**architextualité** : ce sont les désignations génériques (comédie, nouvelle...), qui ne sont pas nécessairement exprimées ;

– l'**hypertextualité** : les relations unissant un texte qui se greffe sur un texte antérieur, que ce soit par transformation ou par imitation.

La production littéraire consiste moins à faire surgir *ex nihilo* qu'à déplacer, inverser, etc. du déjà-dit. D'une certaine façon, n'est lisible que ce qui correspond à des schémas déjà intériorisés. On ne saurait néanmoins en demeurer à « l'utopie borgesienne d'une littérature en transfusion perpétuelle (ou perfusion transtextuelle), constamment présente à elle-même dans sa totalité et comme Totalité »[2]. Chaque œuvre, chaque genre définit son identité par sa manière de gérer la transtextualité et c'est sur ce travail différenciateur qu'il convient de concentrer son attention.

Fiction et acte de langage

La relation entre les actes de langage et la littérature peut aller plus loin qu'une simple prise en compte des apports de la pragmatique à la réflexion sur la langue. Il est, en effet, tentant de caractériser la spécificité des énoncés littéraires en termes d'actes de langage. Quelle valeur illocutoire a un énoncé fictif ? C'est ainsi que Searle s'est interrogé sur « le statut logique du discours de

---

1. T. Todorov, *op. cit.*, p. 98.
2. G. Genette, *op. cit.*, p. 453.

la fiction »[1], soulignant qu'un récit fictif ne répond pas aux conditions de félicité d'une véritable assertion : l'énonciateur n'est pas sincère et ne s'engage pas, ne répond pas de la vérité de ses dires. Pour Searle, les fictions seraient donc des assertions que l'auteur fait semblant d'énoncer. Il y aurait dans l'attitude du locuteur une sorte de suspens de la valeur illocutoire.

On prendra garde toutefois que la notion de fiction ne coïncide nullement avec celle de littérature (la conversation la plus banale est truffée d'énoncés de fiction) et que la littérature est constituée d'*œuvres*, et non d'énoncés isolés. On ne saurait réduire la fiction littéraire à une attitude du locuteur à l'égard de sa propre énonciation, puisqu'une des singularités du discours littéraire est précisément de rendre problématique la notion même d'énonciateur, de dissocier l'individu qui écrit des figures de l'auteur que permet de définir l'institution littéraire.

G. Genette a proposé de concevoir les fictions narratives comme le résultat d'un acte de langage indirect[2]. Pour lui, ce sont bien des assertions feintes, mais qui produisent indirectement une œuvre ; l'auteur fait une sorte d'acte déclaratif qui modifie la réalité en vertu des pouvoirs que lui confère son statut d'auteur. Cet acte déclaratif instaure l'état provoqué par son énonciation. De même que « la séance est ouverte » émis par la personne qualifiée accomplit de manière indirecte l'état que cet énoncé est censé décrire, les énoncés de la fiction institueraient dans l'esprit du lecteur le monde qu'ils sont censés représenter. L'énonciateur produirait donc directement une assertion feinte et indirectement une déclaration (« je décrète fictionnellement que... »), à moins qu'on ne préfère y voir une demande (« Imaginez que... »).

Dans ce type d'approche, on peut distinguer deux tendances majeures. Pour l'une, il existerait des actes de langage spécifiques de la littérature (qu'ils soient directs ou indirects) ; pour l'autre, le discours littéraire serait une imitation d'actes de langage « sérieux » que l'auteur ferait semblant d'énoncer. Certains

---

1. « Le statut logique du discours de la fiction » : article de 1975 repris dans *Sens et expression*, Paris, Minuit, 1982.

2. « Le statut pragmatique de la fiction narrative », *Poétique*, 78, avril 1988, p. 237-249. Sur cette question, on peut lire aussi T. Pavel, *Univers de la fiction*, Paris, Seuil, 1988 ; C. Jacquenod, *Contribution à une étude du concept de fiction*, Berne, Lang, 1988 ; R. Martin, « Le paradoxe de la fiction narrative », *le Français moderne*, n° 3-4, 1988.

s'efforcent de trouver des solutions de compromis. Ainsi Mary Louise Pratt[1], qui voit dans les récits littéraires un type d'énoncé relevant d'une classe plus vaste, celle des « textes narratifs exhibés » (*narrative display texts*) qui prétendent davantage intriguer, divertir, qu'informer, qui se présentent d'emblée comme dignes d'être racontés. Par leur situation d'énonciation très singulière les textes littéraires bénéficient en outre d'une réception « hyperprotégée », où le lecteur accorde un maximum de crédit à l'auteur. Dans une telle perspective, le récit littéraire, tout en restant lié aux récits ordinaires, se voit attribuer un statut spécifique.

Nous n'évoquons ces réflexions que pour montrer une articulation possible du discours littéraire et de la pragmatique. Quelles que soient les solutions adoptées, on est toujours contraint à un moment ou à un autre de marquer une séparation entre un régime littéraire et un régime non-littéraire des discours. Mais toute rupture radicale apparaît aussitôt illégitime ; on se refuse à pratiquer la ségrégation, à diviser l'exercice du langage en domaines étanches.

Dans ces tentatives de définition du fait littéraire en termes de pragmatique, on peut voir une sorte d'équivalent des critères de « littérarité » qu'ont désespérément cherchés les structuralistes. De part et d'autre, il s'agit de dégager des propriétés qui seraient spécifiques de la littérature. Dans le contexte structuraliste, on cherchait des propriétés de structure ; dans le contexte de la pragmatique, on opère au niveau illocutoire. Ce qui est en jeu ici, c'est la possibilité de conférer un statut à la littérature, de lui assigner un secteur délimité dans l'univers du discours. Or il nous semble que, si la littérature a quelque chose en « propre », c'est bien plutôt un pouvoir de déstabilisation qui exige des théoriciens des solutions sophistiquées mais constamment insuffisantes.

On n'en tirera pas la conclusion hâtive que tout savoir sur la littérature est impossible, mais qu'il faut savoir maintenir une certaine réserve quand on prétend « appliquer » en toute innocence aux textes littéraires des modes de réflexion et des outils d'analyse qui ont été forgés pour la langue.

---

1. *Towards a speech act theory of literary discourse*, Bloomington, Indiana University Press, 1977.

LECTURES CONSEILLÉES

DUCROT O.
1984 - *Le dire et le dit*, Paris, Minuit.
(Un recueil d'articles sur quelques thèmes majeurs de la pragmatique).

LATRAVERSE F.
1987 - *La pragmatique. Histoire et critique*, Liège, Mardaga.
(Une présentation des origines de la pragmatique et de certains de ses courants majeurs associée à une réflexion sur son homogénéité).

KERBRAT-ORECCHIONI C.
1980 - *L'énonciation de la subjectivité dans le langage* Paris, A. Colin.
(Une analyse fine et détaillée des multiples traces de la présence du sujet d'énonciation dans le discours).

RECANATI F.
1981 - *Les énoncés performatifs,* Paris, Minuit.
(Une explicitation de la problématique des actes de langage et de ses arrière-plans logico-philosophiques).

MOESCHLER J.
1985 - *Argumentation et conversation*, Paris, Hatier.
(Une introduction à l'analyse conversationnelle pratiquée par « l'école de Genève » et à l'étude de l'argumentation linguistique).

2. La lecture comme énonciation

La co-énonciation

Nous avons évoqué le rôle décisif que joue le destinataire dans la production et l'interprétation des énoncés. Dans le cas du discours littéraire, *la dissymétrie entre les positions d'énonciation et de réception joue un rôle crucial.*

De manière générale, toute communication écrite est fragile, puisque le récepteur ne partage pas la situation d'énonciation du locuteur. On atteint un paroxysme avec les textes littéraires, qui touchent des publics indéterminés dans le temps comme dans l'espace. Certes, quand ils élaborent leurs textes, les auteurs doivent bien avoir à l'esprit un certain type de public, mais il est de l'essence de la littérature que l'œuvre puisse circuler en des temps et des lieux fort éloignés de ceux de leur production. Cette « décontextualisation » est le corrélat de l'ambiguïté fondamentale de l'œuvre littéraire, qui perdure en se fermant sur soi, en se soumettant à des règles bien plus contraignantes que celles du langage ordinaire. Cette structuration forte fait éclater l'univocité de l'interprétation, multiplie les possibilités de connexion entre les unités du texte.

L'absence de l'énonciateur du texte littéraire ne doit pas être conçue comme un phénomène empirique : si nous devons lire *le Rouge et le noir*, ce n'est pas parce que Stendhal ne peut nous le raconter en personne. Aucune voix, aucune présence réelle n'est nécessaire à un texte qui, crucialement, est un objet de *lecture*. Le narrateur n'est pas le substitut d'un sujet parlant, mais *une instance qui ne soutient l'acte de narrer que si un lecteur le met en mouvement*. Dans nos *Éléments de linguistique* (p. 40), nous avons évoqué un phénomène significatif à cet égard, le repérage des déictiques non par rapport à l'histoire, mais par rapport à la scène de lecture ; ainsi dans

> Notre héros eut la gaucherie de s'arrêter auprès de cette
> petite chaise de paille, qui jadis avait été le témoin de triom-
> phes si brillants. *Aujourd'hui* personne ne lui adressa la
> parole ;
>
> (*le Rouge et le noir*)

L'on a « aujourd'hui » là où on s'attend à « ce jour-là », parce
que c'est le présent de l'acte de lecture qui sert de repère. Le
groupe nominal « notre héros » est également repéré par rapport
à la lecture, puisqu'une telle description définie implique que
l'histoire est prise en charge par la narration. Or cette dernière
ne se déploie que grâce à l'activité du lecteur. Si la temporalité
des événements racontés se projette nécessairement sur celle de
la lecture, on ne peut pas continuer à accorder une fonction secon-
daire à la position de lecture ; le terme de « co-énonciation » prend
ici toute sa force. En un sens, *c'est le co-énonciateur qui énonce,
à partir des indications dont le réseau total constitue le texte de
l'œuvre.* Un récit a beau se donner comme la représentation d'une
histoire indépendante, antérieure, l'histoire qu'il raconte ne surgit
qu'à travers son déchiffrement par un lecteur. Le procès narratif double la lecture ; tout découpage du récit coïncide avec un
découpage dans la lecture.

Nous parlons ici à dessein d'« indications », car, comme le souligne U. Eco, il y a une « réticence » essentielle des textes littéraires. La lecture doit faire surgir tout un univers imaginaire à
partir d'indices lacunaires et peu déterminés. On ne peut qu'être
frappé de la part considérable de travail qui est laissée au lecteur ; pour reconstruire les chaînes anaphoriques, combler les
ellipses dans l'enchaînement des actions, identifier les personnages, repérer les sous-entendus, etc. A cette fin, le lecteur dispose, ou ne dispose pas, d'un certain nombre de connaissances
et de stratégies de divers ordres. En outre, comme les œuvres
littéraires sont lues à travers des contextes très variés, le résultat
de ce travail de déchiffrement apparaît foncièrement instable.

On se méfiera donc d'une conception naïve de la lecture dont
le modèle pourrait être fourni par le célèbre épisode des paroles
gelées du *Quart livre* de Rabelais (chap. LVI). Une bataille ayant
eu lieu sur la banquise, les paroles et les bruits ont gelé ; avec
le réchauffement de la température les sons fondent, restituant
le tumulte originel. Mais la lecture n'est pas ce réchauffement
qui permet de libérer une parole gelée dans les signes typographiques, de revenir à l'énergie d'une énonciation originelle,
authentique. En fait, la lecture construit des chemins toujours

inédits à partir d'un agencement d'indices lacunaire ; elle ne permet pas d'accéder à une voix première, mais seulement à une instance d'énonciation qui est une modalité du fonctionnement du texte.

Cet intérêt pour les stratégies de lecture résulte de la convergence de problématiques étroitements liées.

En premier lieu, les travaux sur la « grammaire de texte », c'est-à-dire les recherches qui, à partir de la seconde moitié des années 1960, ont tenté de donner un contenu rigoureux à la notion de « cohérence textuelle » : quels facteurs interviennent pour qu'une suite de phrases soit considérée par les locuteurs comme cohérente et telle autre non ? Mais progressivement on s'est aperçu que le problème était mal posé ; la cohérence n'est pas tant une propriété attachée au texte que la conséquence des stratégies, des procédures que mettent en œuvre les lecteurs pour la construire à partir des indications du texte. La cohérence n'est pas *dans* le texte, elle est *lisible* à travers lui, elle suppose l'activité d'un lecteur.

Le second courant, la « théorie de la réception » littéraire, s'est développé pour une bonne part dans les pays de langue allemande. Il vise à étudier le texte non comme un contenu stabilisé à travers tous les contextes, mais comme un support pour des interprétations qui varient en fonction des contextes de réception. *Les Provinciales*, par exemple, ont un tout autre statut selon qu'elles sont lues comme une série de pamphlets jansénistes anonymes et clandestins ou comme une œuvre consacrée de la littérature française rapportée à Pascal.

Ces deux courants sont donc d'inspirations très différentes ; l'un rencontre naturellement l'intelligence artificielle, la psychologie cognitive..., l'autre plonge dans la sociologie et l'histoire. Il est cependant naturel qu'ils convergent avec la pragmatique, dont les préoccupations sont voisines.

Les lecteurs

La reconnaissance du rôle primordial de la lecture ne va cependant pas sans équivoques, car la notion même de lecteur est loin d'être stable. On ne doit pas le réserver aux seuls textes qui sont écrits pour être lus en silence ; il y a aussi des genres (comédie, sermon, chant épique...) qui s'adressent à des spectateurs, même s'ils peuvent aussi faire l'objet d'une lecture silencieuse. C'est évidemment dans le premier cas que le problème de la coopération du lecteur se pose avec le plus d'acuité, puisque l'interprétation du texte n'est pas contrôlée par les intonations, les costumes, le décor. Le plus gênant est sans doute que le terme « lecteur » soit susceptible d'usages très variés, oscillant entre l'historique et le cognitif. Le lecteur est tantôt le public effectif d'un texte, tantôt le support de stratégies de déchiffrement. Ces deux aspects s'interpénètrent, mais ils ne tentent pas de capter la même chose. Ce sont des points de vue différents sur la position de lecture.

1) On peut parler de **lecteur invoqué** pour l'instance à laquelle le texte s'adresse explicitement comme à son destinataire. Ce peut être les *happy few* que la fin du *Rouge et le noir* désigne comme ses lecteurs privilégiés ; ce peut être également les lecteurs apostrophés dans le cours du texte : « Vous voyez, lecteur, que je suis en beau chemin, et qu'il ne tiendrait qu'à moi de vous faire attendre un an, deux ans, trois ans le récit des amours de Jacques... » (*Jacques le fataliste*, Albin Michel, 1963, p. 33). Bien évidemment, ce lecteur invoqué est un effet de sens interne au texte. Si Diderot apostrophe son lecteur, c'est parce que *Jacques le fataliste* n'est pas un récit canonique mais un jeu à l'intérieur du processus même de la narration. De même, si Stendhal se donne pour lecteurs un cercle d'élus, ce n'est pas sans rapport avec le type de héros et le ton ironique de ses romans. Mais ce cercle est aussi la communauté spirituelle créée par le livre lui-même : celui qui a lu ce texte se trouve *ipso facto* appartenir à un groupe d'heureux privilégiés.

2) Le **lecteur institué** : ce serait l'instance qu'implique l'énonciation même du texte dès lors que ce dernier relève de tel ou tel genre, ou, plus largement, se déploie sur tels ou tels registres. Dans la mesure où les genres sont des réalités historiquement situées, nous sommes ici à la jointure des procédés et du social. Le roman précieux du XVIIe siècle, par exemple, n'institue pas le même type de lecteur que le roman naturaliste. Il y a des types de romans qui supposent un lecteur détective qui sans cesse scrute le texte, revient sur ses pas à la recherche d'indices ; d'autres construisent des suspenses qui aspirent le lecteur vers le dénouement ; d'autres instituent un lecteur plein de bonne volonté pour s'instruire, etc. Par le vocabulaire employé, les relations interdiscursives (allusions à d'autres œuvres en particulier), l'inscription dans tel ou tel code langagier (français, parisien mondain, parler rural, français standard...), un texte va supposer des caractérisations très variées de

son lecteur. Il faut toutefois prendre garde que ce lecteur peut être hétérogène. Quand Michel Tournier prétend produire des textes « à plusieurs étages qui reproduisent tous le même schéma, mais à des niveaux d'abstraction croissante », il appelle inévitablement les lecteurs correspondants :

> Ayant écrit *Vendredi ou les limbes du Pacifique,* j'ai été heureux et fier d'y ajouter dans son édition de poche une postface assez technique de Gilles Deleuze au moment où ce même roman faisait l'objet d'une version pour les jeunes et d'une mise en scène également pour les jeunes au palais de Chaillot par les soins d'Antoine Vitez. La réussite de ce roman est attestée à mes yeux par le témoignage de ces deux lecteurs extrêmes : d'un côté un enfant, de l'autre un métaphysicien.
>
> (*le Vent Paraclet*, Gallimard, « folio », p. 188).

C'est donc la nature même du texte qui exigerait cette pluralité de positions de lecture. Mais on peut penser qu'en fait il y a réunification imaginaire des lecteurs institués : le lecteur idéal serait cet un homme total qui réconcilierait par le roman son âme d'enfant et l'usage le plus élevé de sa raison. On pourrait en dire autant de ces innombrables comédies qui associent des dialogues raffinés entre personnages d'un rang socialement élevé et des dialogues tenus par les domestiques dans un registre censé plus populaire. Certes, il s'agit de lecteurs institués distincts, mais dans la cosmologie qui gouverne implicitement cette vision du monde ils correspondent aux niveaux complémentaires d'une hiérarchie ascendante : le registre des appétits sensibles est subordonné au registre des sentiments élevés comme les domestiques aux nobles dans la hiérarchie sociale.

3) Par son appartenance à un genre, une œuvre implique un certain type de récepteur, socialement caractérisable. On parlera ici de **public générique**. Quand vers 1660 un prédicateur catholique écrit un sermon ou un auteur dramatique une comédie d'intrigue, ils savent à quel type de public ils vont avoir affaire, quelles connaissances on peut supposer chez lui. Ces anticipations commandent l'ensemble de l'énonciaton. Public générique et lecteur institué sont des instances différentes. A partir du même récepteur générique, on peut avoir affaire à des lecteurs institués très variés : Balzac et Stendhal ont à peu près le même public générique, mais ils n'instituent manifestement pas le même lecteur à travers leur énonciation.

L'œuvre ne s'inscrit pas nécessairement dans les conventions ; elle peut jouer avec elles. Connaissant les attentes de ce public générique, l'auteur est à même de provoquer des surprises ou des frustrations. Allant écouter une pièce intitulée *la Cantatrice chauve*, le spectateur s'attend à voir sur scène un personnage principal du même nom. Or, on le sait, « elle » n'apparaît jamais. Ce jeu ne change pas pour autant la nature du récepteur générique concerné.

4) Le public générique est attaché au genre à travers lequel se construit l'œuvre, mais cet être de raison doit être distingué des **publics attestés** que cette œuvre va rencontrer. On retrouve ici la diversification spatiale et temporelle qu'étudie la théorie de la réception. Aujourd'hui, *la Chanson de Roland* ou *la Princesse de Clèves* ne touchent pas le public correspondant à leur public générique. Le public actuel des *Provinciales* ne comprend pas grand chose au débat théologique sans un lourd apparat critique ; il ne se demande pas non plus qui a tort ou raison, mais concentre son attention sur le style. Aujourd'hui, on a une perception du *Cid* très différente de celle d'un spectateur du XVIIᵉ siècle qui verrait la pièce pour la première fois ; c'est un savoir antérieur à la représentation qui s'interpose entre nous et la pièce. Pour la plus grande part du patrimoine littéraire, la lecture « naïve » est devenue marginale. La lecture des œuvres est subrepticement traversée par les interprétations qui en ont été faites. Mais cette perte d'innocence trouve sa compensation : déchargé du travail de déchiffrement de l'intrigue et de la tension du suspense, le public moderne peut à loisir inventer des parcours de jouissance inédits.

Le lecteur coopératif

Pour être déchiffré le texte exige que le lecteur institué se montre **coopératif**, qu'il soit capable de construire l'univers de fiction à partir des indications qui lui sont fournies. Ce lecteur coopératif, U. Eco l'appelle « Lecteur Modèle » et le définit comme « un ensemble de conditions de succès ou de bonheur établies textuellement, qui doivent être satisfaites pour qu'un texte soit pleinement actualisé dans son contenu potentiel »[1]. C'est la figure qu'implique le déchiffrement du texte. Cette activité coopérative ne porte donc pas sur les intentions de l'écrivain, mais sur les indications qu'offre le texte par sa conformation, ses prescriptions virtuelles de déchiffrage.

---

1. *Lector in fabula*, Grasset, 1985, p. 80.

Ces indications peuvent même prendre la forme d'une projection directe du parcours de lecture sur le parcours narratif. Ainsi, dans un texte didactique comme les *Entretiens sur la pluralité des mondes* de Fontenelle, l'interlocutrice du philosophe, la marquise, passionnée d'astronomie, est une représentante du lecteur. Le procédé peut se faire plus discret ; ainsi dans *Bel-Ami* de Maupassant où le déroulement de la lecture est mimé par un voyage entrepris par les personnages. Le héros, Duroy, accompagné de sa jeune femme, va rendre visite à ses parents dans la campagne normande :

> Madeleine fatiguée s'était assoupie sous la caresse pénétrante du soleil qui la chauffait délicieusement au fond de la vieille voiture, comme si elle eût été couchée dans un bain tiède de lumière et d'air champêtre.
> Son mari la réveilla.
> « Regarde », dit-il.
> Ils venaient de s'arrêter aux deux tiers de la montée, à un endroit renommé pour la vue, où l'on conduit tous les voyageurs.
> On dominait l'immense vallée (...)
>
> (II, I)

Suit une longue description de Rouen qui s'achève de cette façon :

> Le cocher du fiacre attendait que les voyageurs eussent fini de s'extasier. Il connaissait par expérience la durée de l'admiration de toutes les races de promeneurs.

Organisation textuelle très pédagogique qui fait coïncider l'arrêt du fiacre avec la pause descriptive qui interrompt le fil narratif. En bon cocher, le narrateur arrête ses lecteurs aux endroits remarquables. Le caractère *pittoresque* du paysage, la nécessité de le *peindre* est renforcé par une connivence textuelle : la description de Rouen constitue un des morceaux de bravoure de *Madame Bovary*. Maupassant, qui revendique la paternité de Flaubert, décrit ce que le père a déjà décrit, conduit les voyageurs là où il faut les conduire pour qu'ils connaissent une « extase », éprouvent de « l'admiration ». Sentiments qui sont censés concerner aussi bien le paysage vu par les personnages que sa description, le tableau peint par le romancier pour son lecteur. A travers l'histoire, le texte indique obliquement au lecteur comment il doit être déchiffré. Il se lit sur les deux plans simultanément.

La surface du texte narratif apparaît comme un réseau complexe d'artifices qui organisent le déchiffrement, contraignent le mouvement de la lecture. Même s'il n'en est pas conscient (c'est en général un savoir-faire acquis par imprégnation), l'auteur, pour élaborer son œuvre, doit présumer que le lecteur va collaborer pour surmonter la « réticence » du texte. L'analyste se donne alors pour but d'étudier « l'activité coopérative qui amène le destinataire à tirer du texte ce que le texte ne dit pas mais qu'il présuppose, promet, implique ou implicite, à remplir les espaces vides, à relier ce qu'il y a dans ce texte au reste de l'intertextualité, d'où il naît et où il ira se fondre »[1]. Le texte est une sorte de piège qui impose à son lecteur un ensemble de conventions qui le rendent lisible. Il fait entrer ce lecteur dans son jeu de manière à produire à travers lui un effet pragmatique déterminé, à faire réussir son macro-acte de langage.

Réciproquement, le lecteur doit postuler que l'auteur respecte un certain nombre de règles pour pouvoir déchiffrer. Au début du *Cid*, par exemple, le spectateur voit deux jeunes femmes et entend l'une dire à l'autre :

> Elvire, m'as-tu fait un rapport bien sincère ?
> Ne déguises-tu rien de ce qu'a dit mon père ?

S'il est familier de ce genre de théâtre, il fera l'hypothèse qu'Elvire est une confidente (on l'appelle par son prénom, on la tutoie), que l'autre femme est l'héroïne et qu'il est question d'amour dans ce « rapport » tant attendu. A la réplique suivante, cette hypothèse se verra renforcée, puisqu'Elvire vouvoie Chimène et qu'apparaît un certain « Rodrigue » dans le vers : « Il estime Rodrigue autant que vous l'aimez ». A vrai dire cet énoncé ne dit pas que Rodrigue est un jeune homme et que l'amour dont il est question ait une teneur érotique (Rodrigue pourrait être un vieil ami de la famille...). Pour étendre ainsi son savoir, le spectateur doit présumer que l'auteur respecte les conventions du genre.

Mais cet auteur, sachant que le lecteur va faire cette hypothèse, peut fort bien en profiter pour le décevoir et provoquer une surprise. On en vu ce qu'il en était pour *la Cantatrice chauve*. Eco a ainsi analysé une nouvelle d'Alphonse Allais, « Un drame bien parisien » (1890), qui ruse avec les hypothèses du lecteur : après l'avoir incité à interpréter le texte dans une certaine direction, il lui révèle finalement son erreur. Détail significatif : cette

---

1. U. Eco, *op. cit.*, p. 7.

nouvelle raconte un adultère. Le récit d'une rupture du contrat matrimonial coïncide avec une énonciation qui rompt le contrat narratif tacite entre auteur et lecteur coopératif.

Mais la transgression n'est qu'une manière de respecter le contrat à un autre niveau, d'obliger le lecteur à rétablir l'équilibre en présumant que la transgression est signifiante. Dans le cas d'A. Allais, on peut penser qu'il s'agit de montrer du doigt au lecteur le travail coopératif auquel il se livre à son insu et de rétablir par là la dimension artificielle et ludique de l'énonciation littéraire. Ce faisant, l'auteur respecte quand même son contrat générique, puisque précisément il est censé écrire des textes mystificateurs. Pour *la Cantatrice chauve*, la transgression des conventions théâtrales semble avoir pour effet de mettre en cause le tissu de conventions sociales qui dissimulent l'absurdité radicale de l'existence.

Si le texte exige ainsi un travail du lecteur, ce n'est pas seulement par une nécessaire économie de moyens, mais aussi parce que le statut esthétique de l'œuvre littéraire requiert que le destinataire contribue à élaborer sa signification et ne se contente pas de découvrir une signification qui serait *en* lui. Bien que l'ajustement entre les codes de l'auteur et du lecteur soit bien souvent partiel, cela n'interdit pas toute lecture : les codes que le(s) auteur(s) de *l'Odyssée* présumaient chez leurs lecteurs sont certainement fort différents de ceux que les lecteurs d'aujourd'hui présument qu'il(s) respecte(nt), mais *cette distorsion même peut devenir partie intégrante du plaisir que peut ressentir le lecteur moderne*, le déficit interprétatif étant compensé par exemple par un sentiment de dépaysement.

La tolérance à l'échec interprétatif est d'ailleurs grande à partir du moment où cela ne porte pas atteinte au noyau narratif. Si un lecteur contemporain lit dans *le Désespéré* de L. Bloy à propos de l'écrivain Dulaurier (dont le modèle est Paul Bourget) :

> inventeur d'une psychologie polaire, par l'heureuse addition de quelques procédés de Stendhal au *dilettantisme* critique de M. Renan, sublime déjà pour les haïsseurs de toute virilité intellectuelle...
>
> (Coll. 10/18, 1983, p. 28)

il est peu probable qu'il puisse comprendre ce que signifie la mise en italique de « dilettantisme » : néologisme ? citation ? mise à distance méprisante ? Pourtant, si l'auteur a recouru à l'italique, c'est parce qu'il anticipait sur les réactions du lecteur et entendait par-là marquer obliquement son identité et établir une connivence. Mais cet échec a d'autant moins d'incidence sur le déchiffrement que le lecteur a toujours le recours d'interpréter l'italique à travers son propre système de repères idéologiques.

En fait, bien des textes ne se contentent pas de s'inscrire exactement dans le sillage d'une convention préétablie. Ils construisent eux-mêmes la manière dont ils doivent être déchiffrés, ils instituent un contrat privé à l'intérieur d'un ensemble de conventions qui ne sauraient être toutes contestées. Alors que dans la sous-littérature le lecteur ne doit surtout pas être modifié, toute œuvre véritable au cours du procès énonciatif « forme » son propre lecteur. Dans la littérature qui n'est pas totalement subordonnée aux impératifs d'un genre, il doit y avoir un excès du texte par rapport aux attentes du lecteur. Tout texte est une négociation subtile entre la nécessité d'être compris et celle d'être incompris, d'être coopératif et de déstabiliser d'une manière ou d'une autre les automatismes de lecture. En outre, par ses agencements le texte a beau s'efforcer de prescrire son déchiffrement, il ne saurait réellement enfermer son lecteur. Celui-ci a tout le loisir de mettre en relation n'importe quels éléments du texte, au mépris du type de progression qu'il prétend imposer. L'œuvre est alors un volume complexe parcourable en tous sens. D'un côté elle contrôle son déchiffrement, de l'autre elle rend possibles des modes de lecture incontrôlables.

Les composants de la lecture

Dans le cadre de cet ouvrage, il est hors de propos de proposer un modèle vraisemblable d'une activité aussi complexe que la lecture. Aussi allons-nous seulement évoquer quelques facteurs essentiels.

Déchiffrer un texte, c'est mobiliser un ensemble diversifié de compétences pour parcourir de manière cohérente une surface discursive orientée temporellement. Cela ne veut pas dire que la compréhension soit un processus d'intégration linéaire sans le moindre heurt. En fait, comme le souligne très justement T. Van Dijk, « les processus de compréhension ont une nature *stratégique* », car « la compréhension fait souvent usage d'informations incomplètes, requiert des données tirées de divers niveaux discursifs et du contexte de la communication, et se trouve contrôlée par des croyances et des visées variables selon les individus »[1]. La conception « stratégique », avec ses anticipations, ses rétroactions, ses réajustements perpétuels, ses raccourcis correspond mieux aux cheminements effectifs du lecteur qu'un modèle linéaire.

Ces cheminements mobilisent davantage de connaissances non-linguistiques (sur les contextes d'énonciation, les genres littéraires, etc.) que proprement linguistiques. Pour un lecteur qui ne disposerait que d'un savoir linguistique bien des œuvres seraient partiellement ou totalement inintelligibles. Mais on n'oubliera pas que la lecture des œuvres contribue aussi à enrichir les savoirs du lecteur en l'obligeant à faire des hypothèses interprétatives qui excèdent la littéralité des énoncés.

Pour aborder un texte, le lecteur s'appuie au premier chef sur une connaissance, fût-elle minimale, du contexte énonciatif. Il dispose d'un certain savoir d'extension très variable sur l'époque, l'auteur, les circonstances immédiates et lointaines, le genre de discours dont relève l'œuvre. Dans *Brave new world*, A. Huxley évoque le cas de ce « sauvage » qui, dans un monde futur, ne connaît qu'un seul livre dont il ne sait rien, sinon qu'il s'agit de textes écrits par un certain Shakespeare dans un anglais très différent du sien. Ce n'est là qu'un cas d'école ; tout texte arrive porté par une certaine rumeur, une tradition qui conditionne sa réception. Cette contextualisation, même indigente, même erronée, oriente déjà le déchiffrement en éliminant un grand nombre d'interprétations possibles.

Le lecteur est également censé maîtriser la grammaire de la langue et user convenablement du discours. Il possède une compétence lexicale qui porte aussi bien sur le signifié que sur les valeurs qui s'attachent à l'emploi des termes (ce que capte le concept fourre-tout de « connotation »).

Mais le lecteur a aussi à sa disposition un certain nombre de grilles qui lui permettent de structurer les relations intratextuelles, des règles d'organisation textuelle, qui ressortissent à la « grammaire de texte ». Ces règles, pour reprendre une distinction classique, définissent les conditions de la *cohésion* et de la *cohérence* d'une suite d'énoncés. Les règles de cohésion portent

---

1. *Comprehending oral and written language*, New York Academic Press, 1987, chap. 5 « Episodic models in discourse processing », p. 165.

en particulier sur les enchaînements locaux, c'est-à-dire avant tout les phénomènes de co-référence (substitutions lexicales ou pronominales), de progression thématique (la répartition des éléments de sens nouveaux et des éléments acquis), de recouvrement entre les inférences d'une phrase à l'autre. Quant à la cohérence, elle résulte de contraintes plus globales, liées aux genres de discours (tragédie classique, roman picaresque...), mais aussi aux types de séquences (narration, argumentation, conversation...). Une suite de phrases acquiert un sens global si on l'identifie comme le dénouement d'un récit ou une scène d'exposition dans une comédie, comme un mouvement de concession dans une dynamique argumentative, etc. On verra que ce que l'on appelle des **scénarios** (cf. *infra* p. 40) joue aussi un rôle capital dans l'intégration des informations du texte. Toutes ces « macro-structures » permettent au lecteur d'organiser et de réduire la quantité d'informations qu'il libère par sa lecture.

Lexique et expansion

Le lecteur se trouve soumis à une double injonction qui résulte de la constitution même des textes. D'un côté, le texte est « réticent », c'est-à-dire criblé de lacunes ; de l'autre, il prolifère, obligeant son lecteur à opérer un filtrage drastique pour sélectionner l'interprétation pertinente. La coopération du lecteur exige donc un double travail, d'**expansion** et de **filtrage**. Le travail d'« expansion » que réalise le lecteur interdirait toute compréhension du texte s'il n'était contrebalancé par une restriction des possibles ainsi libérés, ou si les règles qui permettent l'expansion ne jouaient pas en même temps un rôle de détermination.

L'expansion est nécessaire parce que le texte, on l'a vu, constitue un réseau d'indications clairsemées qui appellent la coopération interprétative.

Un terme lexical, par exemple, n'est pas un îlot, mais ouvre sur une constellation d'unités sémantiques. Ne serait-ce qu'en raison de la structure sémique des termes ; R. Martin évoque ainsi les « cheminements métonymiques » par lesquels un mot va permettre de tirer un certain nombre de « fausses implications »[1].

---

1. R. Martin, *Inférence, antonymie, paraphrase*, Paris, Klincksieck, 1976, p. 47.

Indépendamment de tout contexte, un énoncé comme « Un grattement timide se fit entendre à la porte » donnera à penser que l'on se trouve près d'un lieu clos ; de même, « toit » appellera des termes comme « maison », « voiture », etc. Ainsi, quand au début de *Marthe* de J.-K. Huysmans (1876), on rencontre le mot « banquette » :

> – Tiens, vois-tu, petite, disait Ginginet,
> étendu sur le velours pisseux de la banquette...

ce terme libère chez le lecteur un ensemble d'associés métonymiques possibles, en l'occurrence les multiples objets ou lieux qui peuvent être contigus à une banquette de velours.

Il existe aussi des implications nécessaires, liées à la structure hiérarchique du lexique, qui permettent aussi l'extension des réseaux de sens. De « Ginginet est assis sur une banquette », on peut tirer « Ginginet est assis sur un siège », « sur un meuble », etc. Si le texte continuait par « les meubles étaient regroupés au milieu de la pièce », on pourrait alors concevoir un lien entre cette phrase et la précédente.

A côté d'implications liées à la structure sémique, on trouve des implications dépendantes d'une culture déterminée. Pour un lecteur très éloigné des circonstances de production du texte, ce travail d'extension est plus aléatoire. Il est probable qu'un lecteur de 1876 associera plus facilement « banquette de velours » à « théâtre » que le lecteur de la fin du XXᵉ siècle ; mais peut-être associera-t-il « velours » à « luxe » ou à « décoration », parce que dans sa culture ce serait un tissu d'ameublement de prestige. Dans *Don Quichotte*, les descriptions des personnages insistent beaucoup sur le tissu de leurs vêtements et leur provenance ; pour un lecteur moderne non averti la classification sociale qui est censée en résulter est difficilement intelligible.

Mais le mot est aussi lesté d'une sédimentation qui résulte de ses emplois. C'est un des leitmotive de M. Bakhtine :

> Aucun membre de la communauté verbale ne trouve jamais des mots de la langue qui soient neutres, exempts des aspirations et des évaluations d'autrui, inhabités par la voix d'autrui... Il intervient dans son propre contexte à partir d'un autre contexte, pénétré des intentions d'autrui [1].

---

1. T. Todorov, *op. cit.*, p. 77.

« Autrui » ici ne désigne pas nécessairement un individu particulier. Le seul emploi d'un mot peut suffire à faire surgir tout
l'univers auquel il est lié, les textes où il figure, les contextes sociaux
dans lesquels il est employé : « flamme » (signifiant « amour »)
renvoie à la littérature amoureuse classique, « collaborateur » à
l'Occupation de la France, etc. Quand au début de *Koenigsmark*
le héros de Pierre Benoît déclare « j'ai été boursier », il fait surgir tout un contexte, celui de l'enfant méritant de condition
modeste sous la IIIe République.

Ouvrant ainsi des chemins dans de multiples directions, les mots
enrichissent considérablement les moyens dont dispose le lecteur
pour susciter, à partir d'un texte, le monde imaginaire que celui-
ci suppose.

Les scénarios

C'est encore plus manifeste si l'on songe qu'ils permettent de
mobiliser des *scénarios*. R. Barthes parle à ce propos de « pli »
et de « dépli ». Une suite d'actions serait le « dépli d'un nom » ;
entrer se déplierait en « s'annoncer » et « pénétrer ». Réciproquement, identifier une séquence d'actions reviendrait à lui attribuer
un nom. Il y aurait deux systèmes de pli : l'un *analytique* découpe
le nom en ses constituants (faire un cadeau : aller dans un maga-
sin, choisir, payer, etc.), l'autre, *catalytique*, « accroche au mot
tuteur des actions voisines » (se séparer : pleurer, embrasser...).
« Ainsi, lire (percevoir le *lisible* du texte) c'est aller de nom en
nom, de pli en pli ; c'est plier sous un nom, puis déplier le texte
selon les nouveaux plis de ce nom »[1].

On préfère parler aujourd'hui de « scénarios » (ou
« scripts »)[2] ; ils définissent des cadres qui permettent au lecteur
d'intégrer les informations du texte dans des enchaînements cohé-
rents. Ils ont à la fois une fonction de filtrage et d'expansion.
Identifier un scénario c'est bien « déplier » un éventail à partir
d'indications lacunaires, mais c'est aussi réduire une indétermination puisque la même action peut *a priori* participer d'une mul-
titude de scénarios distincts.

Considérons un texte apparemment sans problèmes, le début
du chapitre XV d'*Antoine Bloyé*, de Paul Nizan :

---

1. *S/Z*, Seuil, 1970, XXXVI, p. 88-89.
2. Sur les scénarios, voir R. Schank et R. Abelson, *Scripts, plans, goals and under-
standing*, Hillsdale (New Jersey), Erlbaum, 1977.

> Pierre grandissait. D'abord, il sut lire, puis écrire. Il disait de bon mots qu'on citait aux vendredis de sa mère. Le soir, il était debout devant le portillon vert du jardin qui précédait la maison et il courait vers Antoine, silencieux sur ses chaussons.
>
> (*Antoine Bloyé*, Grasset, 1933)

Sa lecture active divers scénarios. Pour comprendre « les vendredis de sa mère », il faut reconstituer l'ensemble d'un rite mondain d'avant la guerre de 1914. Quant à la station debout le soir, près du portillon, sa compréhension mobilise un autre scénario, celui du père de la petite bourgeoisie qui à heure fixe rentre chez lui après son travail. C'est d'ailleurs la restitution de ce scénario qui contribue à déterminer si le groupe adjectival « silencieux sur ses chaussons » se rapporte à « Antoine » ou à « il » ; comme le père est censé venir de son travail, il n'a certainement pas des chaussons aux pieds. Mais dans ce texte tout n'est pas restituable avec certitude. Ainsi « il sut lire, puis écrire » constitue un fragment d'un scénario « Pierre fréquente l'école » ou l'enfant apprend-il à la maison ? Si l'on ne connaît pas les usages de ce milieu social vers 1910, on peut mobiliser un scénario erronné ou demeurer indécis.

Supposons qu'un roman s'ouvre ainsi :

> — « Votre billet, s'il vous plaît ! »
> Jacques s'arracha à sa rêverie et fouilla dans la poche intérieure de sa veste (...)

La seule première phrase va probablement susciter chez le lecteur le scénario du contrôle des billets dans un transport public. Pour un tel scénario T. Van Dijk, par exemple, distingue plusieurs composants[1] :

a) *lieu* : train, métro, bus... ;
b) *fonctions* : F(x) : contrôleur
                 G(y) : passager
c) *propriétés* : x possède des signes distinctifs de son statut,
                  x est en train de contrôler,
                  y est censé avoir un billet (ce n'est donc pas un bébé, un grand malade...),
                  etc.

---

1. « Context and cognition : knowledge frames and speech act comprehension », *Journal of pragmatics*, 1, 1977, p. 211-232.

d) *relation* : F(x) est en position d'autorité à l'égard de G(y)
e) *positions* : y est contrôlé par x

A ce scénario sont associées des normes censées partagées par les deux protagonistes :

1) chaque passager doit avoir un billet,
2) chaque passager doit montrer son billet au contrôleur,
3) un passager sans billet a une amende,
etc.

Le scénario s'inscrit lui-même dans une action plus vaste, celle de prendre un moyen de transport pour se rendre quelque part. Le lecteur est alors en droit de penser que x a acheté un billet, qu'il est monté dans le train ou le bus, qu'il est assis, etc. L'ensemble de ces savoirs permet ainsi au lecteur d'interpréter la seconde phrase comme un acte de recherche du billet.

L'intertexte littéraire

Mais il n'y a pas que des scénarios de la vie quotidienne. Les genres littéraires interviennent aussi pour définir des scénarios. Si notre contrôle de billet survient au début d'un roman d'espionnage, le lecteur pourra activer l'hypothèse que le personnage nommé Jacques cherche un revolver dans sa poche. Dans ce registre, U. Eco distingue divers types de scénarios, plus ou moins fixes et détaillés[1] :

– Les **fabulae préfabriquées** offrent des enchaînements stéréotypés. Par exemple la comédie d'intrigue traditionnelle, dont le *Barbier de Séville* représente l'aboutissement, montre un jeune homme qui finit par épouser celle qu'il aime malgré l'opposition d'un barbon jaloux ;

– les **scénarios motifs** plus souples, qui prescrivent le type de personnages, de décors, d'actions mais pas l'ordre des événements. C'est par exemple le cas dans le théâtre de boulevard ;

– les **scénarios situationnels** construisent des actions isolées : la rencontre des amoureux au bal, les ultimes recommandations sur le lit de mort... Cela dépend évidemment des genres concernés.

---

1. *Op. cit.*

Confronté à des indices pertinents, le lecteur active le scénario correspondant si sa familiarité avec l'intertexte littéraire est suffisante. Il en résulte que le parcours de lecture sera très variable ; au lecteur complice qui jouit de reconnaître d'emblée un stéréotype générique s'oppose le lecteur « naïf » qui perçoit le texte dans sa singularité. Il existe une part considérable de la production littéraire, la plus importante même, qui se contente d'activer des scénarios bien connus. Contrairement à un préjugé répandu, le discours littéraire n'est pas source de plaisir seulement s'il est novateur ; il est destiné aussi bien à déstabiliser qu'à conforter des schèmes préétablis.

En revanche, certains écrivains comme R. Queneau se plaisent à déconcerter le lecteur, à ruiner les scénarios qu'il échafaude. Ainsi au début des *Fleurs bleues* :

> Le 25 septembre 1264, au petit jour, le duc d'Auge se pointa sur le sommet du donjon de son château pour considérer, un tantinet soit peu, la situation historique. Elle était plutôt floue. Des restes du passé traînaient çà et là, en vrac. Sur les bords du ru voisin campaient deux Huns ; non loin d'eux un Gaulois, Eduen peut-être, trempait audacieusement ses pieds dans l'eau courante et fraîche. Sur l'horizon se dessinaient les silhouettes molles de Romains fatigués, de Sarrasins de Corinthe, de Francs anciens, d'Alains seuls.
>
> (Coll. 10/18)

Jusqu'à « situation historique » le lecteur risque fort de susciter un scénario de roman historique médiéval, dans lequel le topos de la vue depuis le donjon permet de « naturaliser » une description-présentation de l'histoire. Mais l'association incongrue d'« historique » à « situation », puis le mélange des époques et les jeux de mots ruinent ce premier scénario pour introduire un anachronisme systématique qui ne se démentira pas dans le reste du livre. C'est désormais l'artifice littéraire, le jeu narratif qui vont constituer le véritable sujet du récit, qui néanmoins s'appuie ironiquement sur une trame de roman historique.

Le topic

Le problème du lecteur est de déterminer parmi l'ensemble des significations ouvertes les **topics**, c'est-à-dire de quoi il est question en tel ou tel point du texte.

On a vu que les unités lexicales ouvraient sur de vastes réseaux sémantiques. Mais ces réseaux ne sont activés par le lecteur que pour se fermer sur un parcours cohérent. Ainsi, parmi les éléments de sens qu'a libérés un terme comme « banquette de velours » c'est seulement son appartenance au mobilier du théâtre qui sera retenue si on poursuit la lecture du roman de Huysmans. Les autres valeurs ne sont pas totalement annulées, mais en quelque sorte repoussées dans l'ombre. Inversement, dans l'extrait de Queneau, le verbe « se pointer » placé au tout début ouvre sur un registre familier qui, à ce stade du texte, apparaît marginalisé ; mais dès que le récit bascule dans l'incongru le registre énonciatif ainsi entrouvert passe au premier plan.

Les règles de coréférence jouent un rôle non négligeable dans ce filtrage. Dans ces premières lignes d'une nouvelle de La Varende :

> On la trouva toute droite dans l'herbe, couchée la tête contre le sol, et roidie comme un animal mort. On la crut ivre ou très malade ; mais à peine l'eut-on touchée qu'elle se releva d'un mouvement de reins qui, prolongé, atteignant les belles jambes, la mit debout. On vit une grande jeune femme inconnue, très haute de corps, membrue et large, sans beauté de visage, avec un nez kalmouck un peu écrasé (...)
>
> (Jean de La Varende, *Terre sauvage*, Librairie Générale française, 1969, p. 197)

c'est la coréférence entre « la » et « une grande jeune femme inconnue... » qui permet de spécifier un personnage dont on ne connaît au début que l'appartenance au genre humain et la féminité. Littéralement, rien ne permet d'assurer qu'« une grande femme... » est le même individu que « la ». C'est parce que l'on présume que le texte est cohérent, que l'auteur respecte son contrat narratif, qu'on est en droit de le faire.

Mais ce sont les scénarios qui en la matière ont l'effet le plus déterminant puisqu'ils restreignent la prolifération sémantique. Grâce à eux, le lecteur peut faire une hypothèse sur le topic d'un passage, orienter sa lecture ultérieure dans une certaine direction et réinterpréter des éléments antérieurs indéterminés ou faussement déterminés. Le texte peut néanmoins jouer avec les stratégies de déchiffrement du lecteur. Non seulement en suscitant des hypothèses erronées comme le fait Queneau, mais aussi, plus simplement, en ne délivrant que peu à peu les indices qui rendent possible la construction d'une hypothèse. C'était le cas dans l'extrait de La Varende qui crée de cette façon une sorte de suspens frustrateur.

A l'opposé on trouve des textes qui facilitent au maximum le travail du lecteur :

> Claude passait devant l'Hôtel de ville, et deux heures du matin sonnaient à l'horloge, quand l'orage éclata. Il s'était oublié à rôder dans les Halles, par cette nuit bruyante de juillet, en artiste flâneur, amoureux du Paris nocturne.

(E. Zola, *l'Œuvre*, début)

L'esthétique de Zola implique de la part de l'auteur une bonne volonté pédagogique sans faille. En quelques lignes, l'essentiel est en place : une coréférence entre « Claude » et « en artiste flâneur... » lève l'indétermination sexuelle et sociale du personnage, tandis que le scénario est sans lacunes : on sait immédiatement dans quel cadre s'inscrit le passage de Claude devant l'Hôtel de ville, celui d'une promenade d'esthète.

La notion de topic s'applique aux multiples niveaux du texte. Il y a des topics de phrase et, à l'autre extrême, des topics d'ouvrages entiers. En principe, le titre d'un texte définit son topic qui, combiné avec la connaissance du genre de l'œuvre, restreint déjà considérablement le parcours de lecture : « *Eugénie Grandet*, roman » annonce qu'il s'agit d'un récit dont une certaine Eugénie doit être le personnage principal ; *l'Œuvre* nous indique que le topic est la création artistique, et non la seule vie de Claude Lantier. Ici encore le texte a le loisir de jouer avec les attentes du lecteur ; sans aller jusqu'à la provocation comme pour *la Cantatrice chauve* un titre comme *les Fleurs bleues* interdit *a priori* au lecteur toute hypothèse ; ce n'est que rétrospectivement qu'il pourra faire des conjectures à ce sujet.

L'isotopie

Déterminer de tels parcours de lecture dans le texte, c'est déterminer ce que les sémioticiens appellent des *isotopies*[1]. Comme la notion de topic, celle d'isotopie est valide au niveau le plus élémentaire comme au niveau de l'œuvre entière. Initialement l'isotopie ne concernait que la répétition d'éléments sémiques qui assurent une lecture homogène. Ainsi dans

L'enfant dort

---

1. Sur l'isotopie, voir F. Rastier, *Sémantique interprétative*, P.U.F., 1987.

Le fait que le classème /animé/ soit présent à la fois dans le groupe
nominal et le verbe permet une homogénéité qui ferait défaut dans
le désespoir dort (à moins que l'on n'opère une recatégorisation
en affectant un sème /animé/ à « désespoir »). Mais ce concept
a été élargi pour rendre compte de l'homogénéité de textes entiers.
Les isotopies, au fur et à mesure que l'on monte dans la hiérarchie des analyses textuelles, revêtent un caractère plus global et
intègrent les isotopies partielles. L'école d'A.-J. Greimas distingue ainsi des *isotopies figuratives* et des *isotopies thématiques.*
Les premières sont plus superficielles, plus proches des multiples
manifestations de la culture, les secondes, plus profondes, plus
abstraites. Un ensemble de fables qui illustrent la même morale
en contant des récits parallèles serait un exemple d'isotopie thématique unique correspondant à diverses isotopies figuratives ;
ce qui, au niveau thématique, serait la mise en relation de catégories comme *ruse, force...*, serait représenté par des « figures »
variées (le renard, Ulysse, un enfant, etc.) inscrites dans des univers narratifs apparemment très différents.

En faisant une hypothèse interprétative pour réduire la prolifération sémantique virtuelle du texte, en déterminant donc une
isotopie, le lecteur opère un filtrage qui va conditionner non seulement ce qu'il a déjà lu mais ce qu'il va lire. Dans *le Désespéré*
de L. Bloy, par exemple, le lecteur rencontre un scénario d'enter-
rement, qui définit le topic correspondant. Quand il rencontre
la phrase suivante, de prime abord obscure :

> Il eut une satisfaction à s'en aller tout seul, ayant fort
> redouté les crocodiles du sympathique regret.

(Coll. 10/18, 1983, p. 101)

il va chercher une isotopie compatible avec ce scénario. Neutrali-
sant les valeurs liées à la peur d'un saurien sanguinaire, il est conduit à privilégier une valeur habituellement périphérique de
crocodile, liée à l'expression « larmes de crocodile », dont la pertinence semble confirmée par « du sympathique regret ». Comme
par ailleurs il existe une incompatibilité entre « redouter » ou « crocodile » et « sympathique » pris au sens de « qui inspire des sentiments amicaux », l'adjectif « sympathique » demeure opaque ;
à moins que le lecteur, ayant quelques rudiments de grec ancien,
n'y voie un décalque de *con-doléance (sym-pathie).* En fait, on
peut fort bien concevoir que la lecture n'annule pas totalement
les sèmes de *crocodile* non pertinents pour « hypocrites ». Il se
pourrait, par exemple, qu'une hypothèse antérieure incite le lecteur à faire entrer ce même « crocodile » dans une autre isotopie,

figurative, du type « jungle » (la société étant conçue comme une jungle cruelle).

Ce phénomène de **polyisotopie**[1] est extrêmement fréquent. Bien des textes littéraires, pour ne pas dire tous, progressent sur plusieurs lignes à la fois, obligeant le lecteur à établir plusieurs cohérences. Dans ce même *Désespéré*, on peut ainsi suivre deux histoires en une : dans la première, l'écrivain Marchenoir, génie incompris, mène une vie misérable à Paris, dans la seconde, il vit la Passion du Christ. Peu à peu le lecteur est conduit à l'hypothèse qu'il y a un double topic, une double isotopie par conséquent, et dédouble son déchiffrement. Parfois les deux isotopies se rejoignent explicitement dans le texte. Ainsi, lorsque Marchenoir dit à l'ancienne prostituée qui partage son toit : « Ah ! mon amie, ma trois fois aimée, ma belle Véronique du Chemin de la Croix ! combien je souffre ! » (p. 184). A supposer que le lecteur ait attendu cette allusion au Chemin de Croix pour faire l'hypothèse d'une bi-isotopie, il va récapituler les 183 pages précédentes à la lumière ce cette découverte et envisager différemment celles qui suivent. Il comprendra ainsi mieux pourquoi Marchenoir a deux prénoms, « Caïn » et « Marie-Joseph ». Cette prise de conscience peut lui ouvrir de nouvelles isotopies ; par exemple Caïn et Joseph comme figures symétriques, bourreau et victime de leurs frères, permettraient de considérer les « confrères » de l'écrivain comme ses bourreaux. Mais le lecteur a pu faire l'hypothèse d'une polyisotopie bien plus tôt, la détection des correspondances entre les deux isotopies dépendant largement de sa culture, de son attention et de son imagination.

La lecture n'est donc pas un parcours linéaire univoquement dédié à éliminer les virtualités sémantiques qui ne ressortissent pas à une isotopie unique, mais un processus complexe avec des retours en arrière, des anticipations, des superpositions. Au fur et à mesure que la lecture se complexifie, il devient de plus en plus difficile de résumer l'histoire ou d'en définir simplement le topic. Dans un texte véritablement polyisotopique, le topic n'est aucune des isotopies isolées mais leur interaction. Comment définir par exemple le topic du *Candide* de Voltaire ? Est-ce une réfutation de la théodicée de Leibniz ? Un parcours des lieux communs de la pensée des Lumières ? Un roman picaresque ? Un pamphlet contre l'intolérance ? Un roman d'initiation ? C'est précisément cette pluralité qui caractérise l'énonciation voltairienne.

---

1. Sur cette notion, voir M. Arrivé, « Pour une théorie des textes polyisotopiques », *Langages*, n° 31, 1973, p. 56-63.

L'épisode fantôme

En fait, la lecture la plus sûre est celle qui s'appuie sur les scénarios intertextuels, les genres. Le plus souvent, les effets déstabilisants de la polyisotopie sont largement réduits par les attentes du lecteur à l'égard du texte. Il y a ainsi peu de chances que le lecteur de Camus prenne *la Peste* au premier degré, ne perçoive qu'une seule isotopie ; de même, les lecteurs de Léon Bloy ne s'attendent pas à lire des romans naturalistes et ajustent leur perception en conséquence. Il est logique que la littérature de grande consommation, destinée au public *a priori* le plus démuni de références en histoire littéraire, soit précisément celle qui se conforme le plus strictement aux stéréotypes. Le parcours de lecture y est sans surprises, le contrat y est rigoureusement respecté par l'auteur. C'est de cela que se moque A. Allais dans *Un drame bien parisien* ; le lecteur, trompé par le titre et retrouvant tous les clichés des récits d'adultère, anticipe sur la suite et fabrique un « chapitre fantôme » qui se trouvera annulé par la conclusion effective du récit.

En revanche, le lecteur qui accepte de sortir de la para- ou de la sous-littérature doit accepter l'éventualité d'une certaine déstabilisation de son parcours. C'était le cas avec A. Allais mais c'est encore plus vrai d'une œuvre comme *Jacques le fataliste* qui joue directement avec les anticipations du lecteur :

> Comme ils en étaient là, ils entendirent à quelque distance derrière eux du bruit et des cris ; ils retournèrent la tête, et virent une troupe d'hommes armés de gaules et de fourches qui s'avançaient vers eux à toutes jambes. Vous allez croire que c'étaient des gens de l'auberge, leurs valets et les brigands dont nous avons parlé. Vous allez croire que le matin on avait enfoncé leur porte faute de clefs, et que ces brigands s'étaient imaginé que nos deux voyageurs avaient décampé avec leurs dépouilles. Jacques le crut, et il disait entre ses dents : « Maudites soient les clefs et la fantaisie ou la raison qui me les fit emporter ! Maudite soit la prudence ! etc., etc. ». Vous allez croire que cette petite armée tombera sur Jacques et son maître, qu'il y aura une action sanglante, des coups de bâton donnés, des coups de pistolet tirés ; et il ne tiendrait qu'à moi que tout cela arrivât ; mais adieu la vérité de l'histoire, adieu le récit des amours de Jacques. Nos deux voyageurs n'étaient point suivis ; j'ignore ce qui se passa dans l'auberge après leur départ. Ils continuèrent leur route, allant toujours sans savoir où ils allaient, quoiqu'ils sussent à peu près où ils voulaient aller.

> (Albin Michel, 1963, p. 42)

L'auteur fait passer dans le récit les anticipations auxquelles se livre constamment son lecteur : « vous allez croire... ». De fait, en se fondant sur les scénarios du roman picaresque, ce lecteur est en droit d'interpréter l'irruption d'une troupe armée comme le début d'un épisode de combat. Il y est d'ailleurs contraint par le texte même, qui n'est pas censé raconter d'événements qui ne s'intègrent pas à l'aventure des personnages ; dès lors qu'est montrée une troupe armée, cela doit avoir une incidence sur l'intrigue. Le lecteur ainsi apostrophé est le lecteur coopératif typique, qui fait confiance aux contrats narratifs et que l'auteur berne pour lui montrer l'artifice de tels contrats.

Le narrateur déclare renoncer à cette possibilité pour respecter le topic, en l'occurrence le récit des amours de Jacques, mais c'est lui en fait qui crée les obstacles qu'il feint d'éliminer. Le récit se développe sur deux isotopies qui font mauvais ménage, un récit picaresque, le récit des amours de Jacques, elles-mêmes compliquées par un conflit entre la narration et un dialogue quasiment théâtral entre Jacques et son maître. Mais au-delà c'est la position même du narrateur qui est en cause ; la relation entre le romancier et ses créatures est analogue à celle entre les hommes et Dieu. Ce que montre obliquement notre passage, qui parle aussi bien des personnages que du narrateur quand il dit qu'« ils continuèrent leur route, allant toujours sans savoir où ils allaient ». En dernière instance, c'est le lecteur lui-même qui subit le destin de Jacques ; cette route traversée d'obstacles, d'anticipations fausses, c'est aussi bien la vie que le parcours de lecture qu'institue le texte.

Jacques le fataliste évoque le déterminisme spinoziste, mais il est également traversé par une interprétation quelque peu sauvage de la théorie leibnizienne des mondes possibles : le narrateur envisage divers mondes et, en vertu d'une économie narrative souveraine, détermine le meilleur, qui *in fine* coïncidera avec l'œuvre nommée *Jacques le fataliste*. C'est précisément la moderne logique des mondes possibles qui a été utilisée en narratologie quand il s'est agi de conceptualiser les anticipations du lecteur et les croyances du personnage (c'est ce que fait U. Eco pour analyser *Un drame bien parisien*). Non seulement les lecteurs mais aussi les personnages construisent des mondes possibles. Ainsi dans notre exemple est représentée la disjonction entre divers mondes possibles et le monde effectif du récit ; le lecteur invoqué et Jacques construisent un monde dans lequel un ensemble d'individus veulent agresser les deux héros. Ces agresseurs eux-mêmes le font parce qu'ils ont construit un monde possible dans lequel les deux voyageurs ont emporté leurs affaires. Mais, par une subtilité supplémentaire, il se trouve que ce lecteur invoqué lui-même est une sorte de personnage qui ne coïncide pas avec le lecteur coopératif ; ce dernier risque fort à son tour d'anticiper, de construire des mondes dans lesquels le lecteur invoqué construit des mondes possibles...

Conclusion

On a donc affaire à un modèle stratégique de la lecture, non à un modèle linéaire. L'auteur est obligé de faire des hypothèses sur le déchiffrement de son texte, de supposer que ses codes (culturels ou linguistiques) sont partagés par l'image du lecteur qu'il se donne. En retour, le lecteur doit se construire une certaine représentation du déroulement ultérieur du texte en supposant que l'auteur se conforme à certains codes. De part et d'autre, il y a des jeux d'anticipations complexes, la prévision des mouvements du protagoniste faisant partie intégrante du processus interprétatif.

L'accent mis sur la postion de lecture va donc bien au-delà d'un juste rééquilibrage ; comme si, après avoir considéré uniquement l'énonciateur, on prenait enfin en compte le lecteur, trop longtemps négligé. En fait, la question n'est pas de savoir qui de l'énonciateur ou du lecteur est le plus important mais de prendre la mesure de la spécificité du discours littéraire. Ce n'est pas le lecteur qui en est l'acteur essentiel mais le texte même, conçu comme un dispositif qui organise les parcours de sa lecture. Le lecteur dont il est question n'est pas un individu empirique ou une moyenne d'individus mais le foyer à partir duquel s'offre le volume textuel. Non pas sa source ou son point d'absorption mais le « lieu » à partir duquel il peut montrer son énonciation décentrée.

LECTURES CONSEILLÉES

DENHIERE G. traduit et présenté par
1984 - *Il était une fois... Compréhension et souvenir des récits*, Presses Universitaires de Lille.
(Un recueil d'articles qui aborde les principaux aspects du traitement cognitif de la narration dans une perspective non-littéraire.)

ECO U.

1985 - *Lector in fabula*, Grasset.
(Un ouvrage de référence en matière de coopération narrative littéraire. La réflexion théorique s'appuie sur l'analyse d'une nouvelle d'A. Allais.)

ISER W.

1985 - *l'Acte de lecture, théorie de l'effet esthétique*, Liège, Mardaga.
(Traduction française d'un ouvrage philosophique qui s'efforce de
fonder l'analyse littéraire sur une esthétique de la lecture.)

RASTIER F.

1987 - *Sémantique interprétative*, P.U.F.
(L'exploitation du concept d'isotopie aux divers niveaux de l'organisation textuelle.)

TRAVAUX

• *Les deux textes suivants constituent des débuts de romans. Vous les
comparerez en étudiant de quelle façon le lecteur est conduit à reconstruire leurs mondes fictifs, en tenant compte du fait que le premier relève
de la « sous-littérature ». Vous n'oublierez pas de considérer les ana-
phores lexicales. Pour le second, vous accorderez une attention particulière au travail d'expansion et de filtrage :*

> En cet après-midi de fin juillet, le duc de Pengdale avait
> convié toute la jeunesse aristocratique du comté à une récep-
> tion donnée pour le vingtième anniversaire de son fils unique,
> lord Charles Brasleigh. Des acteurs mondains occupaient le
> théâtre dressé dans la galerie de marbre, des couples dansaient
> dans` les salons décorés avec une somptuosité princière,
> d'autres s'en allaient flirter à travers les magnifiques jardins
> d'Elsdone Castle dont l'entretien, disait-on, représentait une
> lourde charge pour le duc actuel, les revenus de celui-ci, pro-
> bablement par suite d'une mauvaise gestion, étant devenus
> sensiblement inférieurs à ceux de ses prédécesseurs.

> (Delly, *le Repaire des fauves*, Tallandier, 1953)

> « Léa ! Donne-le moi, ton collier de perles ! Tu m'entends,
> Léa ? Donne-moi ton collier ! »
> Aucune réponse ne vint du grand lit de fer forgé de cuivre
> ciselé, qui brillait dans l'ombre comme une armure.
> « Pourquoi ne me le donnerais-tu pas, ton collier ? Il me
> va aussi bien qu'à toi, et même mieux ! »
> Au claquement du fermoir, les dentelles du lit s'agitèrent,
> deux bras nus, magnifiques, fins au poignet, élevèrent deux
> belles mains paresseuses.

« Laisse ça, Chéri, tu as assez joué avec ce collier.
– Je m'amuse... Tu as peur que je te le vole ? »
Devant les rideaux roses traversés de soleil, il dansait, tout noir, comme un gracieux diable sur fond de fournaise. Mais quand il recula vers le lit, il redevint tout blanc, du pyjama de soie aux babouches de daim.

(Colette, *Chéri*, Hachette, 1920)

• *Ce paragraphe a été extrait au milieu du* Curé de village *de Balzac (1839). Vous étudierez de quelle façon le lecteur peut opérer des inférences pour s'insérer dans un univers qui, à ce stade de l'histoire, devrait lui être entièrement opaque :*

Les habitants du château apprirent avec joie le changement qui s'opérait dans la conduite de Véronique. Sans en avoir reçu l'ordre, Aline chercha, d'elle-même, la vieille amazone noire de sa maîtresse, et la mit en état de servir. Le lendemain, la Sauviat vit avec un indicible plaisir sa fille habillée pour monter à cheval. Guidée par son garde et Champion qui allèrent en consultant leurs souvenirs, car les sentiers étaient à peine tracés dans ces montagnes inhabitées, madame Graslin se donna pour tâche de parcourir seulement les cimes sur lesquelles s'étendaient ses bois, afin d'en connaître les versants et de se familiariser avec les ravins, chemins naturels qui déchiraient cette longue arête. Elle voulait mesurer sa tâche, étudier la nature des courants et trouver les éléments de l'entreprise signalée par le curé. Elle suivait Colorat qui marchait en avant et Champion allait à quelques pas d'elle.

3. Connecteurs argumentatifs

L'argumentation linguistique

La pragmatique en plaçant au centre de sa perspective les stratégies des participants de l'interaction verbale a naturellement réactivé l'intérêt pour l'argumentation, qui entendent agir sur autrui en demeurant à l'intérieur du discours. Ce faisant, elle prolonge sur un plan différent l'effort de la rhétorique antique, qui se voulait un art de la persuasion, une technique destinée à faire admettre certaines conclusions à un public déterminé dans un contexte déterminé. En effet, à côté des démonstrations logiques qui sont censées lier les propositions par des relations nécessaires, le discours dispose de tout un arsenal de ressources **argumentatives** que la rhétorique a cherché à codifier.

Ce domaine de l'argumentation est d'ailleurs mal délimité. Si certains pragmaticiens tendent à identifier purement et simplement sémantique et théorie de l'argumentation (puisque le sens d'un énoncé coïncide pour eux avec les stratégies destinées à influer sur autrui), d'autres restreignent le champ argumentatif à certains modes d'enchaînement des propositions dans un discours. Nous n'aborderons pas ce débat dans ce chapitre et nous nous tournerons vers les *connecteurs argumentatifs*, dont l'intérêt pour l'analyse littéraire ne fait pas le moindre doute. Mais ceux-ci, on ne l'oubliera pas, ne représentent qu'une partie des éléments que peut mobiliser une argumentation.

Pour O. Ducrot et J.-C. Anscombre, argumenter c'est « présenter un énoncé E_1 (ou un ensemble d'énoncés) comme destiné à en faire *admettre* un autre (ou un ensemble d'autres) E_2 »[1] à un interlocuteur. Le verbe « présenter » a ici une grande

---

1. *L'argumentation dans la langue*, 1983, p. 8. Nous nous référons ici aux travaux de Ducrot et Anscombre parce que ce sont eux qui ont développé cette problématique le plus systématiquement, à partir des recherches que Ducrot mène depuis presqu'une vingtaine d'années (voir O. Ducrot, *Dire et ne pas dire, Principes de sémantique linguistique, Paris, Hermann, 1972*).

importance : l'énonciateur qui argumente ne dit pas E_1 *pour que* le destinataire pense E_2, mais il présente E_1 comme devant normalement amener son interlocuteur à conclure E_2 ; il définit donc un certain cadre à l'intérieur duquel l'énoncé E_1 conduit à conclure E_2 et l'impose au co-énonciateur.

Une telle définition est cependant insuffisante pour mettre en évidence ce qu'a de particulier l'argumentation langagière, celle qui s'exerce dans l'usage ordinaire de la langue. Le point décisif est qu'il existe des contraintes *spécifiquement linguistiques* pour régler la possibilité de présenter un énoncé comme un argument en faveur d'un autre. Considérons ces deux énoncés :

> (1) Jean n'a pas vu tous les films de Godard
> (2) Paul a vu quelques films de Godard

D'un point de vue strictement informatif il est tout à fait possible que Jean ait vu beaucoup plus de films de Godard que Paul. Pourtant, et c'est là l'élément crucial, d'un point de vue *argumentatif* il apparaît une divergence inattendue entre (1) et (2) : (1) est orienté vers une conclusion « négative » (par exemple : « il ne pourra pas écrire pour la revue ») tandis que (2) permet d'enchaîner sur une conclusion « positive » (par exemple : « il nous sera utile »). La structure linguistique (en l'occurrence le fait d'employer *ne... pas tous* ou *quelques*) contraint l'argumentation *indépendamment de l'information proprement dite* véhiculée par les énoncés. On est ici fort loin des démonstrations de type logico-mathématique.

Parmi les faits linguistiques pertinents pour l'étude de l'argumentation, l'attention a été immédiatement attirée vers un certain nombre de mots, plus précisément de **connecteurs**, que l'analyse sémantique traditionnelle négligeait. Dans la mesure où l'on s'intéressait surtout aux mots « pleins », des unités comme *mais, tiens !, même* etc. ne pouvaient qu'être délaissées. Il en va tout autrement dans l'étude de l'argumentation, qui voit dans ces éléments au fonctionnement aussi efficace que discret un des rouages essentiels de la persuasion langagière.

Ces connecteurs, comme leur nom l'indique, possèdent une double fonction :
1) ils *lient* deux unités sémantiques ;
2) ils confèrent un *rôle* argumentatif aux unités qu'ils mettent en relation.

Nous parlons ici d'« unités sémantiques », et non d'« énoncés ». Cette imprécision est volontaire. Il est vrai que ces connecteurs ont pour fonction essentielle de lier des énoncés, mais ce n'est pas toujours le cas, loin s'en faut. Le propre de ces connecteurs linguistiques, à la différence des connecteurs logiques, c'est justement de pouvoir lier des entités hétérogènes : un énoncé et une énonciation, un fait extralinguistique et un énoncé, un élément implicite et un élément explicite, etc.

Plutôt que de demeurer dans les généralités venons-en à un exemple, emprunté au *Jeu de l'amour et du hasard,* de Marivaux :

> MARIO, riant : Ah ! ah ! ah ! ah !
> MONSIEUR ORGON : De quoi riez-vous, Mario ?
> MARIO : De la colère de Dorante qui sort, et que j'ai obligé de quitter Lisette.
> SILVIA : Mais que vous a-t-il dit dans le petit entretien que vous avez eu en tête-à-tête avec lui ?

(Acte III, scène IV)

Nous reviendrons plus amplement sur la fonction de *mais* ; pour le moment on se contentera de dire que dans une séquence « E_1 mais E_2 » E_1 est présenté comme un argument tendant vers une certaine conclusion, implicite, et qu'E_2 présente un argument censé plus fort en faveur de la conclusion contraire. Or dans notre exemple on ne peut pas dire que le *mais* de Silvia lie deux *énoncés* associés à des arguments de sens contraires : en quoi le contenu de la réplique de Mario qui précède peut-il constituer un argument allant dans un sens opposé à la question de Silvia ?

En fait, il semble qu'il faille interpréter l'argumentation de Silvia de la manière suivante : « le fait que vous me parliez de la colère de Dorante tend à faire croire que cela m'intéresse ; en réalité, vous vous trompez, car le fait que je pose la question qui suit *mais* montre au contraire que c'est autre chose qui m'intéresse, à savoir ce que vous a dit Dorante. » On le voit, l'enchaînement porte ici sur le *fait de dire* telle chose, sur l'énonciation de Mario, et non sur le contenu de l'énoncé. *Mais* vise la prétention de Mario à poursuivre la conversation dans la direction où il l'a lancée. Le conflit porte sur l'exercice même de la parole : en ouvrant sa question par *mais* Silvia conteste le *droit* que s'arroge Mario d'imposer son discours, et légitime du même coup son propre droit à prendre la parole, à réorienter le discours. On met ainsi en évidence une donnée importante : *l'activité de parole est sous-tendue par un réseau de normes implicites,* une sorte de juridiction langagière sur laquelle s'appuient les énonciateurs pour argumenter.

Outre le poids de l'implicite dans ce mouvement argumentatif et la nature particulière des unités sémantiques qu'il connecte, on doit insister sur le caractère variable de la dimension des unités concernées. Si l'élément E_2 dans notre exemple coïncide avec une entité syntaxique nettement délimitée, à savoir la question de Silvia, l'élément E_1, en revanche, a des contours plus imprécis : il s'agit de l'ensemble des répliques précédentes, c'est-à-dire un ensemble textuel, non une entité proprement syntaxique. Il peut même arriver que l'une ou l'autre des entités connectées ne se trouve pas en contact immédiat avec le connecteur. Cela accroît naturellement la complexité du processus interprétatif.

A considérer un exemple comme celui que nous venons d'emprunter à Marivaux, qui n'a pourtant rien d'exceptionnel, on ne peut qu'être frappé par la subtilité de ces phénomènes argumentatifs, si profondément enfouis dans le tissu langagier qu'ils échappent à une appréhension immédiate. Le destinataire se trouve nécessairement engagé dans des mécanismes interprétatifs qui excèdent la conception naïve qu'on se fait habituellement de la compréhension d'un énoncé. Avec des noms ou des adjectifs on peut à la rigueur admettre qu'il suffise de comprendre leur signifié et de le moduler par le contexte pour accéder à leur signification, mais avec les phénomènes que nous considérons en ce moment cette démarche est par définition stérile. Le « signifié » de *mais* dans un dictionnaire, ce ne peut pas être un ensemble de traits sémantiques permettant de sélectionner un référent dans le monde, mais plutôt une sorte de « mode d'emploi » indiquant comment procéder pour reconstruire la connection argumentative établie par telle ou telle énonciation particulière. Or ce travail de reconstruction n'a rien d'évident ; pour *mais* le destinataire sait qu'il lui faut dégager deux entités sémantiques, E_1 et E_2, une conclusion implicite qu'appuie E_1, mais il lui est impossible de connaître à l'avance la nature de ces entités, leur place, leur dimension... Le processus interprétatif peut même échouer si le destinataire ne parvient pas à faire une lecture cohérente ou ne peut trancher entre plusieurs solutions.

La diversité des connecteurs à fonction argumentative est fort grande et les études qui leur sont consacrées déjà nombreuses. Plutôt que de tenter de dérouler un catalogue de ces connecteurs (catalogue prématuré, au demeurant, dans l'état actuel des connaissances), nous avons choisi de nous limiter à quelques éléments et d'en éclairer le fonctionnement sur des contextes littéraires significatifs. Nous espérons ainsi faire comprendre de quel secours ce type d'approches peut être dans l'analyse des œuvres. Étant donné ce que nous avons dit du processus interprétatif, on comprendra que chaque emploi pose des problèmes spécifiques : à partir d'un invariant de base, les connecteurs argumentatifs déploient des effets de sens originaux dans les contextes singuliers où ils s'insèrent.

Dans les pages qui suivent nous allons être amené à faire une place prépondérante aux exemples puisés dans le répertoire théâtral. Ce n'est évidemment pas un hasard. A la différence de la littérature narrative, le théâtre offre le spectacle de scènes d'interlocution véritable, où les énonciateurs s'affrontent. Certes, il n'en va pas autrement dans les autres genres de discours, mais dans la littérature dramatique les stratégies argumentatives se développent avec une netteté particulière.

Les emplois canoniques de « mais »

Ce connecteur est indubitablement celui qui a été le plus étudié. Cela s'explique à la fois par sa fréquence et par le lien essentiel qu'il entretient avec l'implicite[1].

Il convient tout d'abord de distinguer deux *mais*, dont le premier seul va nous retenir : le *mais* de réfutation et le *mais* d'argumentation. Dans cette réplique d'Ulysse on trouve une illustration de ces deux termes :

> (...) Je suis sincère, Hector... Si je voulais la guerre, je ne vous demanderais pas Hélène, *mais* une rançon qui vous est plus chère... Je pars... *Mais* je ne peux me défendre de l'impression qu'il est bien long, le chemin qui va de cette place à mon navire.

> (J. Giraudoux, *La guerre de Troie n'aura pas lieu*, II, XIII)

Le premier *mais* est réfutatif ; il suppose la mise en scène dans un mouvement énonciatif unique d'une sorte de dialogue qui associe négation et rectification. Ici Ulysse réfute son propre énoncé, mais le plus souvent ce connecteur permet de réfuter l'énoncé d'un autre locuteur. Le second *mais* possède une valeur différente, même si à un niveau profond les deux *mais* présentent de fortes affinités. O. Ducrot paraphrase ainsi la valeur de ce second *mais* : « (...) en énonçant "P mais Q" un locuteur dit à peu près ceci : "oui, P est vrai ; tu aurais tendance à en conclure r ; il ne le faut pas, car Q" (Q étant présenté comme un argument plus fort pour

---

1. Sur *mais* voir J.-C. Anscombre et O. Ducrot : « Deux MAIS en français », *Lingua* n° 43, 1977 ; O. Ducrot et *al.* : *Les mots du discours,* Minuit, 1980, chap. 3.

non-r que n'est P pour r) ». Sur notre exemple P serait « Je pars »,
Q « Je ne peux pas me défendre, etc. » ; quant à la conclusion
implicite r, ce serait quelque chose comme : « il n'y aura pas de
guerre », ou tout simplement « la guerre de Troie n'aura pas lieu ».

En effet, en disant P, Ulysse donne un argument en faveur de r
(« puisque je pars vous allez penser que le conflit est évité ») et
présente ensuite Q comme un argument plus fort que le précédent. On notera la subtilité du procédé : Ulysse ne dit pas explicitement que la tendance qui pousse à la guerre est la plus forte,
il le laisse seulement entendre. Ce n'est pas par hasard si une
« impression », un sentiment irrationnel est présenté comme plus
convaincant que ce fait objectif, apparemment décisif, qu'est le
départ d'Ulysse avec Hélène. Toute la pièce repose précisément
sur l'idée qu'il existe une puissance mystérieuse, fatale, qui pousse
à la destruction en dépit de toutes les garanties dont peuvent
s'entourer les gouvernements. En opposant une impression à un
fait pour donner l'avantage à la seconde ce *mais* cristallise à son
niveau le nœud même de l'œuvre. C'est à Hector, destinataire
d'Ulysse, et au-delà au spectateur qu'il revient de reconstruire ce
mécanisme argumentatif et de découvrir à un second niveau une
conclusion implicite : « le fait que je pose mon impression comme
plus forte que les actes que nous accomplissons implique une certaine conception de la fatalité. » Cette dernière conclusion n'est
pas celle que suppose directement le *mais* : elle découle de l'énonciation même de ce *mais*.

Le fonctionnement du « P mais Q » argumentatif peut être
synthétisé dans une sorte de carré :

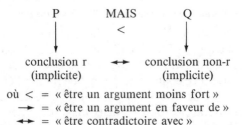

$$\text{où} < = \text{« être un argument moins fort »}$$
$$\longrightarrow = \text{« être un argument en faveur de »}$$
$$\longleftrightarrow = \text{« être contradictoire avec »}$$

Signalons toutefois que par la suite[1] O. Ducrot a suggéré de rem-
placer l'idée d'un argument « plus fort » qu'un autre par celle-
ci : en disant « P mais Q » le locuteur déclare qu'il néglige P pour

---

1. *Cahiers de linguistique française*, n° 5, 1983, publiés par l'Université de
Genève, p. 9.

ne s'appuyer que sur Q, la force supérieure de Q n'étant qu'une justification de cette décision de négliger P.

Dans le cas fréquent, où *mais* se trouve associé à *certes* on peut recourir à une analyse qui fait intervenir la « polyphonie »[1]. En effet, quand un locuteur déclare « certes P, mais Q » il attribue P à un objecteur qu'il met en scène dans son discours et dont il rejette le point de vue au profit de Q. On assiste donc à l'affrontement entre deux points de vue successifs argumentant dans des directions opposées. Le locuteur se dit d'accord avec celui qui soutient P mais s'en distancie. Dans ce mouvement il assimile son allocutaire à cet « énonciateur » de P, à qui il fait une concession. Ce processus est bien illustré dans ce passage où le Docteur Pascal exlique ses théories biologiques à sa nièce Clotilde :

> *Certes*, oui, reprit-il à demi-voix, les races dégénèrent. Il y a là un véritable épuisement, une rapide déchéance, comme si les nôtres, dans leur fureur de jouissance, dans la satisfaction gloutonne de leurs appétits, avaient brûlé trop vite (...) *Mais* il ne faut jamais désespérer, les familles sont l'éternel devenir.

> (Zola, *le Docteur Pascal*, chapitre V)

Dans ce contexte la séquence qui suit *certes* est attribuée à ON de la rumeur (c'est un cliché de l'époque) auquel l'allocutaire, Clotilde, est assimilé. Cet allocutaire immédiat renvoie à un autre, le lecteur lui-même, convié à assister à la leçon du Docteur. Glissement d'autant plus aisé que Clotilde joue le rôle de l'élève candide qui demande à s'instruire et que le lecteur participe du ON qui soutient la séquence P.

Les deux exemples que nous venons de considérer constituent des emplois particulièrement clairs de *mais*, où le connecteur porte sur deux *énoncés* explicites. Il n'en va pas toujours ainsi, comme on a pu s'en rendre compte avec le « mais que vous a-t-il dit... ? » de Silvia. Dans les corpus empruntés aux conversations de théâtre on rencontre énormément d'exemples dans lesquels les locuteurs intègrent les actes d'*énonciation*, voire la situation extra-linguistique dans leur argumentation. En étudiant deux scènes d'*Occupe-toi d'Amélie* de G. Feydeau, O. Ducrot et ses collaborateurs ont ainsi pu mettre en évidence la variété des emplois de *mais*, aboutissant au tableau suivant, où X et Y désignent les interlocuteurs[2] :

---

1. O. Ducrot, *Le dire et le dit,* Minuit, 1984, p. 230.
2. O. Ducrot et *al.*, *Les mots du discours*, chapitre 3, p. 99.

I. *Mais* est à l'intérieur d'une réplique d'un locuteur X :
      X : P mais Q

II. *Mais* est en tête de réplique et introduit un Q explicite :
      X : mais Q

Cela peut correspondre à plusieurs situations :

  A. *Mais* enchaîne avec une réplique d'un locuteur Y et marque l'opposition de X :
      Y : P
      X : mais P
  a) à l'acte d'énonciation de Y disant P
  b) aux conclusions que Y tire de P (bien que X admette la vérité de P)
  c) à la vérité de P

  B. *Mais* enchaîne avec du non-verbal et marque l'opposition de X :
      X : mais Q
  a) à un comportement du destinataire ;
  b) à une situation ;
  c) à ses propres réactions.

III. *Mais* est en tête de la réplique et n'introduit pas de Q explicite :
      X : mais...

Nous ne pouvons pas proposer un exemple pour chacune de ces rubriques ; le *mais* de Silvia relève de II.A.a. Donnons néanmoins une illustration de II.B. :

> (Tout le monde écoute un disque. Bibichon chantonne, dérangeant les autres. On le lui reproche ; il se justifie : « Je chantonnais discrètement, je ne pensais pas que... »)
>
> YVONNE : *Mais* tais-toi donc !

Les auteurs de l'étude rangent ce *mais* en II.B.a., considérant donc que le *mais* s'oppose non à la réplique de Bibichon mais à son comportement, au bruit qu'il fait. Processus sémantique qui pourrait se paraphraser ainsi : « tu fais du bruit depuis un certain temps ; n'en conclus pas que cela pourra continuer, car je t'ordonne de te taire. »

Ici, comme dans l'exemple de Marivaux, le *mais* sert à contester les prétentions associées à l'activité énonciative d'un locuteur : prétention de Mario à parler de ce qui n'intéresse pas Silvia, de Bibichon à parler au lieu de se taire. « Tout acte de parole est compris comme comportant des prétentions ; prétentions d'une part à être légitime, à avoir le droit d'être accompli, bref à être autorisé, et d'autre part à faire autorité, c'est-à-dire à infléchir les opinions ou les comportements verbaux ou non verbaux du destinataire[1]. »

Ce type d'analyse peut sembler bien minutieux, inutilement précis pour étudier une pièce de théâtre. C'est indéniable si l'on prend pour point de référence les explications de texte traditionnelles ; mais si l'on donne à la notion de *langage dramatique* sa pleine valeur il en va fort différemment. L'activité langagière au théâtre ne saurait être appréhendée comme un simple « instrument » de communication au service des péripéties du drame, elle est partie intégrante de ce drame. C'est à travers leurs paroles que se confrontent les personnages, les relations s'établissent et évoluent non *au moyen* du langage, mais *dans* le langage. Les moments où un personnage tente d'imposer son cadre énonciatif n'ont rien d'accessoire, ils sont l'action dramatique elle-même. C'est particulièrement net pour des auteurs comme Racine ou Marivaux, chez qui les péripéties, les rebondissements passent au second plan.

Le « mais… » de Zadig

Le célèbre « mais… » en suspens qui clôt le chapitre XVII du *Zadig* de Voltaire n'est si fameux que parce qu'il cristallise une bonne part des thèses de l'œuvre, et de ses ambiguïtés. Dans ce chapitre l'ange envoyé par Dieu pour défendre les théories de Leibnitz se justifie d'avoir noyé un enfant innocent et mis le feu à la maison de son bienfaiteur :

> « Tout ce que tu vois sur le petit atome où tu es né devait être dans sa place et dans son temps fixe, selon les ordres immuables de celui qui embrasse tout. Les hommes pensent que cet enfant qui vient de périr est tombé dans l'eau par hasard, que c'est par un même hasard que cette maison est brûlée : *mais* il n'y a point de hasard ; tout est épreuve, ou punition, ou récompense, ou prévoyance… Faible mortel, cesse de disputer contre ce qu'il faut adorer. – Mais, dit Zadig… » Comme il disait *mais*, l'ange prenait déjà son vol vers la dixième sphère. Zadig, à genoux, adora la Providence, et se soumit. L'ange lui cria du haut des airs : « Prends ton chemin vers Babylone. »

Nous n'avons pas cité *in extenso* le discours de l'Ange. Si nous l'avions fait on aurait pu voir que le *mais* ultime se trouve dans le prolongement de deux autres, par lesquels Zadig avait introduit des objections aux arguments de l'envoyé de Dieu. La discussion

---

1. O. Ducrot et *al., Les mots du discours*, p. 126.

est d'ailleurs résumée dans le *mais* de l'Ange (« les hommes
pensent... *mais* il n'y a point de hasard... ») qui oppose les
fausses croyances des hommes à la vérité divine.

En disant « mais... » Zadig enfreint l'ordre de l'Ange (« Faible
mortel, cesse de disputer contre ce qu'il faut adorer »), si bien
que son énonciation apparaît foncièrement ambiguë. Conteste-t-il
l'interdiction de l'Ange ? dans ce cas il s'en prend au diktat imposé
à la raison humaine. Conteste-t-il, comme dans ses *mais* précédents, le contenu de la thèse selon laquelle tout obéit à la Providence ? En l'absence d'éléments explicites à droite de *mais*, rien
ne permet de trancher et l'on doit accepter les deux lectures.

Les choses sont encore même plus complexes. Nous supposons
pour le moment que si le *mais* reste en suspens c'est parce que
Zadig allait effectivement dire quelque chose. Or il existe dans la
langue courante de nombreux emplois de *mais* destinés à rester en
suspens et qui marquent seulement une attitude de refus. Dans ce
cas Zadig proférerait son *mais* en quelque sorte « pour l'honneur »,
n'ayant pas d'argument à opposer à l'Ange mais désireux de lui
signifier son refus. Par là il indiquerait que l'homme ne peut pas
se résigner au sort qui lui est fait ; même si sa raison est impuis-
sante à argumenter il y va de sa dignité de marquer l'ouverture
d'une argumentation en faveur de la thèse contraire (on songe
ici à l'attitude revendiquée par Camus dans *le Mythe de Sisyphe*).

Si en revanche on admet que Zadig allait parler et a été inter-
rompu, une autre ambiguïté surgit : l'Ange s'en va-t-il parce qu'il
a terminé sa mission et ne s'occupe plus de Zadig ou pour esquiver des objections auxquelles il est bien incapable de répondre ?
Cette incapacité serait liée au fait qu'il a dû recourir à l'argument
d'autorité pour mettre un terme à une discussion qui tournait au
désavantage de la Providence. Le texte ne permet pas de choisir
entre ces deux interprétations, puisque « l'ange prenait déjà son
vol » ne dit rien sur les motifs de l'ange. D'une manière ou d'une
autre, les points de suspension du *mais* de Zadig constituent le
pendant de ceux qui sont inscrits dans le discours du messager
céleste : interrompant son argumentation, il était passé à l'injonction pure et simple (« cesse de disputer »).

La phrase qui suit le « mais... » ne permet pas d'opter de façon
définitive pour telle ou telle interprétation. On ne peut d'abord
pas exclure que l'auteur recoure ici à l'ironie : un Zadig à genoux
adorant une Providence aux décisions aussi iniques, c'est là un
changement d'attitude qui laisse perplexe. Si l'on admet que
l'énoncé n'est pas ironique il demeure néanmoins ambigu. Il est

en effet passible d'une lecture « de l'intérieur » et d'une lecture « de l'extérieur ». Selon la première Zadig adore et se soumet dans son cœur ; selon la seconde on nous décrit seulement ses gestes, sans tenir compte des sentiments du personnage. Cela tient à ce que les verbes *adorer* et *se soumettre*, comme beaucoup d'autres, sont interprétables de deux manières, l'une « psychologique », l'autre « pragmatique ». Dans ce dernier cas « se soumettre » signifie que le sujet accomplit un certain nombre de gestes marquant la soumission (se mettre à genoux, prononcer certaines formules dans un cadre institutionnel), sans que l'on sache rien de ses états d'âme réels. Dans cette interprétation « pragmatique » on retrouve la problématique de la « délocutivité » d'E. Benveniste[1] ; *saluer*, par exemple, est un verbe « délocutif » parce qu'il signifie « dire : *salut !* » et en dérive ; de la même manière « se soumettre » signifierait « dire : *je me soumets* ».

Il ne faudrait cependant pas négliger la position du lecteur dans l'analyse de ce « mais » ouvert. Ce dernier possède, en effet, un double statut. D'un côté, il définit l'attitude du personnage face au discours de l'ange, de l'autre il offre au lecteur une case vide, celle d'un argument contraire plus fort, qu'il peut remplir comme il l'entend. Le *mais* indique qu'il faut en droit supposer la présence d'un tel argument, tandis que les points de suspension sont là pour dire que cet argument *n'a pas pu* être sélectionné. Selon la manière dont on interprétera cette impossibilité on aura autant d'interprétations différentes susceptibles de combler la béance.

Un « *mais* » romanesque

L'emploi de *mais* que nous allons considérer à présent est lié à la technique narrative. Ici la valeur argumentative est mise au service des conventions du roman réaliste :

> (Un journaliste, Fauchery, fait visiter à un jeune provincial, La Faloise, un théâtre parisien pendant l'entracte.)

> En haut, dans le foyer, trois lustres de cristal brûlaient avec une vive lumière. Les deux cousins hésitèrent un instant : la porte vitrée, rabattue, laissait voir, d'un bout à l'autre de la galerie, une houle de têtes que deux courants emportaient dans un continuel remous. Pourtant, ils entrèrent. Cinq ou six

---

1. *Problèmes de linguistique générale*, Paris, Gallimard, 1966, chap. 23.

groupes d'hommes, causant très fort et gesticulant, s'entêtaient au milieu des bourrades ; les autres marchaient par files, tournant sur leurs talons qui battaient le parquet ciré. A droite et à gauche, entre des colonnes de marbre jaspé, des femmes assises sur des banquettes de velours rouge, regardaient le flot passer d'un air las, comme alanguies par la chaleur ; et, derrière elles, dans de hautes glaces, on voyait leurs chignons. Au fond, devant le buffet, un homme à gros ventre buvait un verre de sirop.

Mais Fauchery, pour respirer, était allé sur le balcon. La Faloise qui étudiait des photographies d'actrices, dans des cadres alternant avec les glaces, entre les colonnes, finit par le suivre.

(Zola, *Nana*, chapitre 1)

De prime abord, ce *mais* pose problème, car on ne voit pas bien de quelle façon il articule les deux paragraphes. Le premier se présente comme une description particulièrement neutre qui, en tant que telle, ne semble pas pouvoir constituer un « argument » en faveur d'une « conclusion » implicite. Il en va de même pour le second paragraphe, dont on ne comprend pas en quoi il dessine un mouvement argumentatif contraire à celui du premier.

On peut néanmoins expliquer la présence de ce *mais* en faisant appel moins à des « arguments » au sens strict qu'à des « attitudes ». Le mouvement se paraphraserait ainsi : le fait que l'on demeure un certain temps à détailler le foyer du théâtre tend à faire penser qu'on va poursuivre la description ; le *mais* intervient alors pour contredire cette tendance et signifier que la visite continue, qu'on va ailleurs. La narration glose ainsi sa propre démarche ; le *mais* vient s'opposer à l'attitude d'un lecteur qui s'installerait en quelque sorte dans la description du foyer et qu'il faudrait pousser en avant[1].

Le lecteur n'est pas le seul impliqué ici ; les personnages interviennent aussi, quoique discrètement. Le deuxième paragraphe présente une forme d'« arrière-plan », *était allé*, qui d'un point de vue aspectuel est un accompli. Cet accompli suppose un repère (le moment où l'on découvre que Fauchery n'est plus là), que le texte n'explicite pas. Ce regard qui s'aperçoit soudain de la disparition de Fauchery ne peut être que celui de La Faloise, qui perd le moins possible des yeux son guide. A cause du *mais* et de cet accompli on est donc amené à réinterpréter spontanément

---

1. Ducrot recourt à ce type d'explications de *mais* dans « Analyses pragmatiques », *Communications* n° 32, 1980, p. 18.

le premier paragraphe : bien que neutre en apparence, la description n'était pas rapportée au narrateur, mais au regard de La Faloise. La précision de cette description se trouve dès lors justifiée par la curiosité du néophyte qui s'en va à contrecœur (cf. « La Faloise... *finit par* le suivre »). L'attitude qui consiste à vouloir prolonger la visite du foyer n'est dès lors pas seulement un jeu entre le narrateur et le lecteur, elle passe par la subjectivité d'un personnage qui, après avoir vu ce que décrit le premier paragraphe, s'attarde à étudier des photographies.

C'est d'ailleurs un procédé constant chez Zola que de mettre en scène des personnages qui jouent le rôle de délégués du lecteur. Il s'agit pour le roman naturaliste de donner à voir l'univers social, d'ouvrir des encyclopédies, mais en intégrant la description au romanesque d'une histoire. Le personnage-délégué du lecteur contribue à faire fonctionner ce dispositif en participant des deux registres à la fois : ce même La Faloise qui n'est ici qu'un regard curieux constitue également un des personnages de l'histoire, appelé à devenir par la suite un des amants de Nana. L'utilisation du *mais* relève de la même stratégie. Arrachant en quelque sorte le personnage-lecteur à sa contemplation, le frustrant de détails supplémentaires, il permet au texte de faire d'une pierre deux coups : d'un côté, il développe une description précise (satisfait donc à son devoir encyclopédique), de l'autre, il feint de l'avoir interrompue prématurément (comme si c'était les intérêts du personnage qui seuls importaient). Cette manière de produire une description complète tout en prétendant qu'on l'a interrompue, qu'elle n'est apparue qu'au détour d'un regard intéressé, n'est pas sans faire songer à la « prétérition » rhétorique, qui consiste à dire ce qu'on dit ne pas dire (« j'aurais pu vous parler de... », « je ne mentionne pas... », etc.). Ce faisant, le roman dénie ce qui le légitime : parcours pédagogique d'un catalogue, il n'a de cesse qu'il n'en ait effacé les traces.

Le *mais* joue également un rôle d'opérateur de transition, destiné à rendre plus aisé le passage d'un domaine à un autre, à effacer une discontinuité. Il se situe, en effet, sur une triple frontière :

– celle qui sépare un espace d'un autre, le foyer du balcon,
– celle qui sépare deux descriptions successives,
– celle qui sépare deux paragraphes.

La première concerne l'histoire racontée, la seconde sa narration, la troisième le texte en tant que tel, mais toutes trois coïncident en *mais*. On ne peut pas dire que ce connecteur dissimule la ligne de rupture ; il en change plutôt le statut. *Mais* distingue bien deux séquences pour les opposer (celle qui est concédée et celle qui est donnée comme plus forte), mais il s'agit d'une opposition *argumentative*, et non chronologique ou spatiale. La narration se masque ainsi en se retranchant derrière l'argumentation implicite d'un personnage.

Ce glissement va de pair avec la substitution d'un « chevauchement » à une juxtaposition bord à bord des deux domaines ; La Faloise et Fauchery ne sont pas transportés d'un domaine à un autre, mais La Faloise découvre soudain que Fauchery est déjà parti sur le balcon :

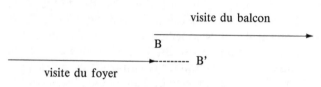

Le segment B - B' désigne le prolongement de la visite-description que La Faloise était en droit d'attendre et que le départ de Fauchery a rendu impossible. Ce chevauchement a en quelque sorte pour effet d'euphémiser la frontière.

De ce point de vue, la frontière la plus importante qu'ait à affronter le texte littéraire, c'est bien celle de son émergence, du surgissement de sa propre énonciation. Il existe de multiples manières d'euphémiser une telle frontière ; la plus simple consiste à montrer une action déjà en cours : plutôt que de souligner que le texte commence en faisant apparaître une action qui elle aussi commence sous les yeux du lecteur ou du spectateur, l'auteur s'efforce de faire oublier qu'il s'agit d'un début. Ainsi la première réplique de *La double inconstance* de Marivaux s'ouvre-t-elle par un *mais* argumentatif, dont l'emploi implique la présence d'énoncés antérieurs :

> TRIVELIN : Mais, Madame, écoutez-moi.
> SILVIA : Vous m'ennuyez.

Eh bien

Le connecteur *eh bien !* que nous allons considérer maintenant est d'un type différent. Il se présente, en effet, comme une interjection qui associe une fonction phatique[1] et une fonction

---

1. Nous rappelons que R. Jakobson entend par « fonction phatique » la fonction qui établit ou maintient le contact avec le co-énonciateur.

argumentative. *Eh bien !* est par ailleurs susceptible d'autres valeurs, dont le dénominateur commun semble être de « suggérer que la situation justifie pleinement l'acte d'énonciation qui suit »[1]. Quand *eh bien !* a une valeur argumentative, il souligne théâtralement la pertinence de l'énonciation qu'il introduit contre les attentes d'un destinataire qui jugerait plus pertinente une autre énonciation. Dans ce cas, on peut proposer l'analyse suivante[2] :

1) Le locuteur réagit à une situation S, explicitée ou non, en produisant un énoncé Q introduit par *eh bien !* Cet énoncé Q est présenté comme une suite inattendue de S, eu égard aux croyances prêtées au destinataire ou à un tiers. On désignera par Q' ce qui était attendu à la place de Q.

2) Le locuteur signale l'enchaînement S → Q pour suggérer au destinataire une conclusion C, contraire à la conclusion attendue C'.

Q peut désigner trois choses différentes : l'acte d'énonciation, l'énoncé, le fait relaté par cet énoncé. Si avec *mais* c'était les conclusions qui étaient implicites, ici c'est Q' et C, autrement dit la suite normale et la conclusion. Il arrive même que la situation S soit implicite. On le voit, l'interprétation d'une séquence comportant *eh bien* exige un travail de reconstruction relativement complexe de la part du destinataire. Enfin, selon la manière dont la conclusion C est amenée, on distinguera deux cas :

1) C'est suggéré directement par le fait que S ait eu Q pour suite ;

2) C est suggéré par le fait que S n'ait pas eu la conséquence attendue Q'.

Pour plus de clarté, nous allons immédiatement illustrer cette analyse à l'aide d'un exemple emprunté au *Père Goriot* :

> Cette première pièce exhale une odeur sans nom dans la langue, et qu'il faudrait appeler l'*odeur de pension*. Elle sent le renfermé, le moisi, le rance ; elle donne froid, elle est humide au nez, elle pénètre les vêtements ; elle a le goût d'une salle où l'on a dîné ; elle pue le service, l'office, l'hospice. Peut-être pourrait-elle se décrire si l'on inventait un procédé pour évaluer les quantités élémentaires et nauséabondes qu'y jettent les atmosphères catarrhales et *suis generis* de chaque pensionnaire,

---

1. R. Martin, *Pour une logique du sens*, P.U.F., 1983, p. 242.
2. Nous suivons ici, dans ses grandes lignes, l'analyse de C. Sirdar-Iskandar au chapitre 5 des *Mots du discours*, par O. Ducrot et *al*.

> jeune ou vieux. *Eh bien* malgré ces plates horreurs, si vous le compariez à la salle à manger, qui lui est contiguë, vous trouveriez ce salon élégant et parfumé comme doit l'être un boudoir.

La situation S, c'est la description de la première pièce qui l'a définie, en montrant un salon particulièrement rébarbatif. La suite inattendue Q, c'est le fait que l'on trouve le salon « élégant et parfumé ». On s'attendrait plutôt à une suite Q', énonçant qu'il est sale et nauséabond. La conclusion C (la pension est tellement sordide que ce qui est normalement répugnant passe ici pour élégant) se tire du fait que la situation S n'a pas eu la conséquence Q'. Dans ce passage le mouvement argumentatif est net : la présence de « malgré ces plates horreurs » souligne le caractère inattendu de Q, tandis que « si vous le compariez à la salle à manger » justifie le caractère surprenant de l'enchaînement.

L'énonciateur de ce *eh bien* n'est autre que le narrateur balzacien, dont la présence se manifeste sans cesse dans le récit. On insiste souvent sur le fait que les descriptions de Balzac tendent à ressembler à des inventaires de commissaire-priseur, mais il ne faut pas oublier qu'il s'y établit une relation très vivante entre narrateur et lecteur. Dans notre exemple ce narrateur décrit en jouant avec les attentes de son lecteur. Le *mais* du texte de Zola assurait une fonction comparable (faciliter la transition de la description d'une pièce à celle d'une autre pièce), mais sur un autre registre : alors que le *mais* rapportait la description au regard intéressé d'un personnage-délégué du lecteur le *eh bien* interpelle ce même lecteur directement. Là où Zola arrache le personnage à sa contemplation, Balzac construit une attente pour la décevoir.

Sur un exemple de ce genre on perçoit clairement la pluralité de fonctions que peut assumer un élément argumentatif dans un texte littéraire. *Eh bien*, comme plus haut *mais*, mobilise non seulement une analyse en termes strictement linguistiques mais une réflexion sur la technique narrative : d'une part, il contribue à définir une certaine relation entre les places de narrateur et de lecteur, d'autre part il assure la transition entre deux étapes d'une description. Faut-il ne voir là qu'un procédé destiné à mieux « faire passer » la description, ou doit-on plutôt renoncer à subordonner les relations énonciatives à la description ? Nous préférons la deuxième perspective et admettrons que le récit romanesque est *d'un même mouvement* représentation d'un monde et instauration d'une relation entre instance narratrice et position de lecture.

Dans les dialogues de théâtre, comme c'est prévisible, les valeurs de *eh bien* sont beaucoup plus près de celles qu'il a dans les échanges linguistiques ordinaires. Pourtant, bien souvent, il faut faire intervenir les conditions d'exercice du type de discours théâtral concerné pour avoir une idée exacte des fonctions qu'il peut assumer.

Nous allons considérer un emploi de *eh bien* qui implique de manière cruciale les relations psychologiques entre les personnages, y compris des processus inconscients. Dans cette scène du *Jeu de l'amour et du hasard* (I, 7) Dorante, alias Bourguignon, fait une cour pressante à Silvia, alias Lisette, qui en est inconsciemment ravie mais affirme ne pas vouloir que Dorante lui parle d'amour. Depuis le début de l'entretien elle fait mine de ne pas vouloir prolonger la conversation pour ne pas entendre les galanteries du jeune homme :

> DORANTE : Je me rappelle de t'avoir demandé si ta maîtresse te valait.
> SILVIA : Tu reviens à ton chemin par un détour ; adieu !
> DORANTE : Eh ! non, te dis-je, Lisette ; il ne s'agit ici que de mon maître.
> SILVIA : *Eh bien*, soit ! je voulais te parler de lui aussi, et j'espère que tu voudras bien me dire confidemment ce qu'il est ; ton attachement pour lui m'en donne bonne opinion (...)

Toute cette scène repose sur le double jeu de Silvia, qui éprouve beaucoup de plaisir à se faire courtiser tout en feignant d'en être excédée, qui prolonge la conversation tout en répétant qu'elle va y mettre un terme. Ce jeu est rendu encore plus subtil par le fait qu'elle doit aussi se cacher *à elle-même* son propre plaisir. Dès lors, sa stratégie constante est de se décharger de la responsabilité de la faute qu'est pour elle le fait de converser avec le jeune homme.

L'emploi de *eh bien* s'inscrit précisément dans cette stratégie, contribuant à résoudre ce problème délicat. L'élément Q introduit par *eh bien* est *soit !*, qui marque l'acceptation du dialogue, ce dialogue que Silvia prétend refuser depuis le début de la scène. Elle « négocie » ainsi avec les deux exigences contradictoires : accepter de parler et se décharger de la responsabilité de cette acceptation. Ce mouvement pourrait s'analyser ainsi :

> S : toute l'attitude antérieure de Silvia qui refuse l'échange avec Dorante
>
> Q : l'énonciation de *soit !,* qui marque l'acceptation de l'échange

En disant *S eh bien Q* Silvia montre à elle-même et à Dorante que le fait qu'elle dise *soit !* constitue une suite « anormale » de S, que « normalement » on devrait avoir Q', c'est-à-dire le refus de la parole. De cette façon, la jeune fille donne à entendre qu'elle n'agit pas par faiblesse mais en connaissance de cause. La justification vient d'ailleurs immédiatement : « je voudrais te parler de lui aussi. » Ce faisant, elle indique qu'elle a bien la maîtrise de la parole. On pourrait donc proposer la paraphrase suivante de ce mouvement argumentatif : « ne crois pas que j'enfreigne la loi qui m'interdit de te parler ; ce que je fais en disant *soit !* est bien ''anormal'' du point de vue de cette loi, mais je le fais pour obéir à une autre loi, celle qui me prescrit de prendre des renseignements sur mon fiancé. » Discours adressé à elle-même autant qu'à Dorante.

A la lumière de ce type d'usage on prend la mesure de leur subtilité et de leur importance. Ils associent étroitement les normes liées à l'exercice de la parole à celles qui régissent les relations des personnages entre eux et l'image qu'ils entendent avoir d'eux-mêmes. Si l'on a réellement affaire à un « langage dramatique » c'est dans la mesure où le dialogue, loin de « traduire » des sentiments préexistants, d'être au service de stratégies lucides, investit les personnages autant que ceux-ci l'investissent.

Car, parce que, puisque

On considère spontanément ces connecteurs comme substituables, étant voués tous trois à marquer la « causalité ». En fait, une étude plus attentive révèle qu'ils ne peuvent être employés indifféremment, qu'ils correspondent à des fonctionnements énonciatifs distincts. Dans un premier temps on opposera *parce que* à *car* et *puisque*, ensuite *car* à *puisque*[1].

P parce que Q est la seule des trois connections qui constitue une véritable subordination syntaxique, qui suppose un acte d'énonciation unique. Cette propriété peut être mise en évidence à l'aide de divers tests ; en particulier :

— à la question *pourquoi ?* on ne peut répondre qu'avec *parce que ; car* et *puisque* sont ici exclus ;

— seul *parce que* peut être enchâssé dans une structure clivée : *c'est parce qu'il est venu que je l'aime ;*

---

1. Nous adoptons ici le point de vue développé par O. Ducrot et *al.* « Car, parce que, puisque », *Revue romane* 2-X, 1975, p. 248-280.

– *car* et *puisque* ne sauraient être enchâssés dans une interrogative : *est-ce qu'il est venu parce que (*car/puisque) nous l'avons invité ?* L'emploi de *car* ou *puisque* implique une division de la phrase en deux actes d'énonciation distincts.

Parce que sert à expliquer un fait P déjà connu du destinataire en établissant un lien de causalité ; c'est ce lien qui est posé par le locuteur et c'est sur lui que porte éventuellement l'interrogation, comme on vient de le voir. En revanche, l'emploi de *car* et *puisque* suppose que soient successivement proférés deux actes d'énonciation : on énonce d'abord P, puis on justifie cette énonciation en disant Q. Considérons ces quelques vers de Péguy :

> Comme il sentait monter à lui sa mort humaine,
> Sans voir sa mère en pleur et douloureuse en bas,
> Droite au pied de la Croix, ni Jean, ni Madeleine,
> Jésus mourant pleura sur la mort de Judas.
>
> *Car* il avait connu que le damné suprême
> Jetait l'argent du sang qu'il s'était fait payer (...)
>
> (*Jeanne d'Arc,* « A Domremy », I,II)

Si l'on remplaçait *car* par *parce que* on changerait notablement la signification du texte. L'emploi de *car* ouvre une nouvelle énonciation, après un point et au début d'une autre strophe ; elle permet à l'auteur de *se justifier d'avoir dit* « Jésus mourant pleura sur la mort de Judas. » Justification nécessaire parce que cette affirmation va à l'encontre des sentiments humains ordinaires (comment peut-on pleurer sur qui vous livre à la mort ?) mais aussi peut-être parce que ce détail ne figure pas dans l'Évangile. On notera que l'explication donnée ici n'est pas sans équivoque telle qu'elle est formulée ; si le texte utilise *car*, ce n'est pas parce que les faits exigeraient un acte d'autojustification, mais c'est parce qu'il utilise *car* qu'il présente l'énonciation de P comme exigeant une justification. En employant *parce que*, il se serait contenté de faire porter son assertion sur la cause des pleurs de Jésus sur Judas, posés comme un fait déjà connu.

Ainsi, le seul fait d'employer *car*, de justifier son énonciation, implique-t-il que P puisse faire l'objet de quelque contestation : c'est la vérité de Q qui rend légitime l'énonciation de P. Quant à la relation de causalité entre P et Q, elle est donnée comme allant de soi. Plus exactement, on peut se justifier de deux façons en employant *car* :

1) en se légitimant d'énoncer comme on l'a fait ;
2) en donnant Q comme une raison de croire P vrai.

L'exemple de Péguy illustre la seconde possibilité ; en ce qui concerne la première, on peut l'illustrer avec ce fragment des *Provinciales*, qui parle de la notion théologique de « pouvoir prochain » :

> Heureux les peuples qui l'[= ce terme] ignorent ! heureux ceux qui ont précédé sa naissance ! *Car* je n'y vois plus de remède si MM. de l'Académie ne bannissent par un coup d'autorité ce mot barbare de Sorbonne qui cause tant de divisions.

(Première lettre)

La présence de *car* est ici inintelligible si l'on ne comprend pas que le locuteur justifie son *énonciation* exclamative : l'absence de remède autre que l'Académie française ne saurait évidemment expliquer le fait que soient heureux les peuples qui ignorent le terme « pouvoir prochain ». Cette propriété que possède *car* de pouvoir légitimer une énonciation lui permet d'enchaîner sur une exclamation, un ordre ou une interrogation ; chose impossible avec *parce que*.

Puisque se rapproche de *car* en ce qu'il suppose lui aussi deux actes d'énonciation différents, mais il en diffère par sa dimension « polyphonique », c'est-à-dire par une dissociation entre l'instance qui profère l'énoncé et celle qui le prend en charge, qui en garantit la vérité[1]. Dans *P car Q*, c'est en effet le même sujet qui prend en charge à la fois P et Q, tandis qu'avec *P puisque Q* la responsabilité du point de vue soutenu dans Q est attribuée à une instance énonciative distincte, un ON qui selon les cas englobera le destinataire, la rumeur publique, tel groupe d'individus, voire l'énonciateur lui-même (considéré indépendamment de cette énonciation-ci). Avec *puisque* la vérité de Q est donc garantie par une instance autre que le locuteur et qui est censée reconnue par le destinataire. Cela explique l'agrammaticalité de *car Q* dans :

- A : Paul va partir
- B : Tout va changer puisque (*car) il part

La nécessité d'employer ici *puisque* s'explique par le fait que c'est à l'interlocuteur A qu'est imputée la responsabilité de *il part* ; or on a vu qu'avec *P car Q* la même instance prend en charge P et Q.

---

1. Pour la théorie de la « polyphonie » énonciative, voir O. Ducrot, *le Dire et le dit*, Minuit, 1984 ; pour un résumé, nos *Éléments de linguistique pour le texte littéraire*, chap. 4.

Dans ce passage des *Confessions* de Rousseau le *puisque Q* est associé au ON qui garantit les vérités universellement admises :

> Pour être toujours moi-même, je ne dois rougir en quelque lieu que ce soit d'être mis selon l'état que j'ai choisi : mon extérieur est simple et négligé mais non crasseux ni malpropre ; la barbe ne l'est point en elle-même, puisque c'est la nature qui nous la donne, et que, selon les temps et les modes, elle est quelquefois un ornement.

> *(Confessions,* Livre VIII)

Ici, Jean-Jacques cherche à se justifier à ses propres yeux d'être le seul mal habillé et non rasé au milieu d'une élégante assemblée aristocratique. Cette autojustification s'opère à l'aide de deux arguments :

1) c'est la nature qui donne la barbe ;
2) la barbe est dans certaines circonstances un ornement.

Ces deux vérités sont rapportées au ON du savoir biologique et historique, auquel le destinaire, en l'occurrence Rousseau lui-même, est *a priori* contraint d'accorder sa confiance. La présence de « la nature » ne fait que renforcer cette nécessité : chez l'auteur de *l'Émile* elle est le garant suprême de tout discours, l'autorité qui légitime les comportements indûment condamnés par une société fondée sur l'artifice et le mensonge.

Le processus argumentatif de *P puisque Q* s'appuie de manière en quelque sorte offensive sur ce qui est déjà admis par celui que l'on entend convaincre, il vise à enfermer ce dernier pour lui imposer une conclusion P assurée par ce qu'il reconnaît déjà, à savoir Q. En ce sens, *car* et *puisque* définissent des mouvements opposés, comme le montre le fait qu'on ait la possibilité de dire *puisque Q, P* quand **car Q, P* est parfaitement exclu. En utilisant *puisque* on fait aller le destinataire de la vérité de Q à celle de P, tandis qu'avec *P car Q* le locuteur commence par dire P, puis revient se justifier avec Q.

Dans des contextes appropriés ce connecteur, comme les autres, est susceptible d'entrer dans des stratégies subtiles. *Le Jeu de l'amour* de Marivaux nous en fournira encore une fois une illustration. On retrouve ici la même situation que dans la scène I, 7, où Silvia affectait de ne pas vouloir converser avec Dorante :

> DORANTE : (...) écoute-moi, te dis-je, tu vas voir les choses bien changer de face par ce que je vais te dire.
>
> SIVLIA : Eh bien, parle donc ; je t'écoute, *puisqu'*il est arrêté que ma complaisance pour toi sera éternelle.

> (II, 12)

Dans l'exemple étudié plus haut Silvia se justifiait de parler à Dorante en invoquant la nécessité de s'informer sur son maître ; à présent la justification se fait en s'appuyant sur une vérité supposée établie : « il est arrêté que... ». C'est précisément l'emploi de *puisque* qui confère ce caractère de vérité reconnue à l'énoncé. Ce mouvement s'explique par la situation délicate dans laquelle est prise la jeune fille ; elle s'accorde le plaisir d'écouter Dorante et se justifie en se déchargeant de la responsabilité de la faute que représente cet abandon au plaisir. La responsabilité est transférée sur une loi préétablie (« il est arrêté que... »), un Destin dont Silvia serait la victime et auquel elle n'aurait aucune part. Loi incompréhensible dont elle feint de constater l'existence et qui lui permet d'enfreindre la loi qu'elle avait fixée elle-même : Dorante ne doit pas lui parler d'amour. En fait, bien sûr, elle donne comme un arrêté venu de l'extérieur la décision qu'elle a prise. Prenant acte du fait que malgré ses principes elle a constamment cédé à Dorante, elle tente de retourner à son avantage ce constat de faiblesse.

LECTURES CONSEILLÉES

ANSCOMBRE J.-C., DUCROT O.

1983 - *L'argumentation dans la langue*, Bruxelles-Liège, P. Mardaga éd.
   (Une synthèse sur la problématique de l'argumentation illustrée d'exemples variés.)

DUCROT O. et *al.*

1980 - *Les mots du discours,* Paris, Éd. de Minuit.
   (Ouvrage entièrement consacré à l'étude de connecteurs argumentatifs (*mais, décidément, eh bien !, d'ailleurs*) ; ces analyses sont précédées d'une importante mise au point théorique : « Analyse de textes et linguistique de l'énonciation. »)

DUCROT O.

1980 - « Analyses pragmatiques », in *Les actes de discours, Communications* n° 32, p. 11 à 61.
   (Survol des diverses problématiques de l'énonciation où les réflexions s'appuient sur l'étude d'exemples empruntés à la littérature.)

TRAVAUX

• *La conclusion du roman de Voltaire* Candide *(1759) s'appuie comme celle de* Zadig *(1747) sur* mais. *Ce n'est d'ailleurs pas le seul point commun entre ces deux conclusions. Vous étudierez la valeur du* mais *qui figure à la fin de ce passage en le comparant au « mais... » de* Zadig *analysé précédemment :*

> (...) - Travaillons sans raisonner, dit Martin ; c'est le seul moyen de rendre la vie supportable.
> Toute la petite société entra dans ce louable dessein ; chacun se mit à exercer ses talents : la petite terre rapporta beaucoup (...) ; et Pangloss disait quelquefois à Candide : « Tous les événements sont enchaînés dans le meilleur des mondes possibles ; car enfin, si vous n'aviez pas été chassé d'un beau château à grands coups de pieds dans le derrière pour l'amour de Mlle Cunégonde, si vous n'aviez pas été mis à l'Inquisition, si vous n'aviez pas couru l'Amérique à pied, si vous n'aviez pas donné un bon coup d'épée au baron, si vous n'aviez pas perdu tous vos moutons du bon pays d'Eldorado, vous ne mangeriez pas ici des cédrats confits et des pistaches. - Cela est bien dit, répondit Candide ; *mais* il faut cultiver notre jardin.

• *Étudiez l'emploi du* mais *dans ce texte ; il s'agit de la fin d'une description de femmes du monde se promenant en calèche :*

> Ses yeux erraient sur les têtes féminines ; et de vagues ressemblances amenaient à sa mémoire Mme Arnoux. Il se la figurait, au milieu des autres, dans un de ces petits coupés, pareils au coupé de Mme Dambreuse. - *Mais* le soleil se couchait et le vent froid soulevait des tourbillons de poussière.
>
> (Flaubert, *l'Éducation sentimentale*, I, 3)

• *Cet extrait du* Jeu de l'amour et du hasard *contient quatre occurrences de* mais ; *efforcez-vous d'expliquer leur rôle :*

> (Monsieur Orgon, qui sait que Dorante et Silvia sont des maîtres déguisés en domestiques, vient de permettre à Lisette de séduire celui qu'elle croit être Dorante et qui n'est que le valet de ce dernier, Arlequin.)
>
> LISETTE : Sur ce pied-là, je compte ma fortune faite.
> MONSIEUR ORGON : *Mais*, dis-moi ; ma fille t'a-t-elle parlé ? Que pense-t-elle de son prétendu ?
> LISETTE : Nous n'avons encore guère trouvé le moment de nous parler, car ce prétendu m'obsède ; *mais*, à vue de pays, je ne la crois pas contente, je la trouve triste, rêveuse, et je m'attends bien qu'elle me priera de le rebuter.

MONSIEUR ORGON : Et moi, je te le défends. J'évite de m'expliquer avec elle : j'ai mes raisons pour faire durer ce déguisement ; je veux qu'elle examine son futur plus à loisir. *Mais* le valet [= Dorante], comment se gouverne-t-il ? ne se mêle-t-il pas d'aimer ma fille ?

LISETTE : C'est un original ; j'ai remarqué qu'il fait l'homme de conséquence avec elle, parce qu'il est bien fait ; il la regarde et soupire.

MONSIEUR ORGON : Et cela la fâche ?

LISETTE : *Mais...* elle rougit.

(II, 1)

• *Étudier le fonctionnement de* eh bien ! *dans cet extrait de Proust :*

Quand j'irais me mettre sur le chemin de ma mère au moment où elle monterait se coucher, et qu'elle verrait que j'étais resté levé pour lui redire bonsoir dans le couloir, on ne me laisserait plus rester à la maison, on me mettrait au collège le lendemain, c'était certain. *Eh bien !* dussé-je me jeter par la fenêtre cinq minutes après, j'aimais encore mieux cela.

(Gallimard, « folio », p. 45)

• *Dans les textes qui précèdent, analysez les occurrences de* car *et* parce que.

4. Présupposés et sous-entendus

En considérant la « réticence » fondamentale des textes offerts à la lecture et le fonctionnement de quelques connecteurs argumentatifs, nous avons pu nous rendre compte que l'implicite jouait un rôle essentiel : dire n'est pas toujours dire explicitement, l'activité discursive entrelaçant constamment le dit et le non-dit. Ce n'est pas l'un des moindres intérêts de la pragmatique que d'avoir donné un statut de plein droit aux propositions implicites, au-delà de la traditionnelle catégorie de l'ellipse syntaxique. Cet intérêt pour l'implicite est d'ailleurs naturel si l'on songe que la pragmatique donne tout son poids aux *stratégies* indirectes de l'énonciateur et au *travail* d'interprétation des énoncés par le co-énonciateur. Bien souvent le locuteur énonce de l'explicite pour faire passer de l'implicite, inversant la hiérarchie « normale » pour parvenir à ses fins.

Implicite et discours littéraire

La littérature rencontre l'implicite à deux niveaux : dans la représentation des paroles des personnages (que ce soit au théâtre ou dans la narration), mais aussi dans la communication qui s'établit entre l'œuvre et son destinataire.

Considérons à ce propos quelques lignes du *Meunier d'Angibault* (1845), de G. Sand, où Marcelle de Blanchemont dit à Rose :

> Mais encore une fois, Rose, que pouvons-nous donc, nous autres pauvres femmes, qui ne savons que pleurer sur tout cela ?

> (1re journée, XIV)

La relative appositive « qui ne savons que pleurer sur tout cela (= les injustices) » a un statut de **présupposé**, elle se présente comme le rappel d'une évidence : « les femmes ne savent que pleurer sur les injustices ». On peut étudier cet implicite dans le cadre de la stratégie énonciative de Marcelle de Blanchemont, mais une telle analyse, qui traiterait cet énoncé comme un échantillon de langage ordinaire, serait artificielle puisqu'il s'agit aussi d'un fragment d'une œuvre, d'un discours du narrateur vers le lecteur. Dans une œuvre, les éléments implicites se lisent nécessairement sur deux niveaux. On pourrait, par exemple, soutenir que la narratrice a choisi Marcelle comme porte-parole et que les implicites de l'une sont ceux de l'autre ; mais on peut aussi bien soutenir que l'auteur n'accepte pas une telle conception de la femme. Peu importe ici la solution de ce débat ; le point important est qu'il y a là une « polyphonie » déstabilisatrice dès qu'on se demande qui prend en charge cet implicite. Surtout si l'on garde à l'esprit qu'il est de l'essence du discours littéraire de ne pas faire coïncider le narrateur et l'écrivain G. Sand.

A ces deux situations d'énonciation superposées s'en ajoute une autre, tellement évidente qu'on oublie souvent de la mentionner : celle par laquelle la Littérature comme corpus et tradition donne à lire les œuvres au critique. L'œuvre littéraire est par essence vouée à susciter la quête des implicites. Pour le critique elle fait toujours signe, elle montre du doigt un sens au-delà des contenus littéraux. Comme toute pratique dite herméneutique la critique, qu'elle soit professionnelle ou spontanée, suppose que le texte renferme un sens important mais caché auquel seule une technique ou un talent appropriés permettent d'accéder.

Toute œuvre qui figure au corpus de la Littérature pousse son lecteur à traquer l'implicite. Il y a même des œuvres qui se donnent comme « allégoriques », « symboliques », « métaphoriques »..., c'est-à-dire qui indiquent nettement au lecteur qu'il lui faut traquer l'implicite ; ainsi le célèbre prologue de *Gargantua* :

> Et, posé le cas qu'au sens littéral vous
> trouviez matières assez joyeuses et bien
> correspondantes au nom, toutefois pas demeurer
> là ne faut, comme au chant des sirènes ; ainsi à
> plus haut sens interpréter ce que par aventure
> cuidiez dit en gaieté de cœur.

Mais cette incitation peut se faire par des moyens plus subtils, comme dans la littérature symboliste où les œuvres sont noyées dans une sorte de brume qui suspend l'interprétation littérale.

Dans ces conditions, les implicites des personnages ne sont que le premier barreau d'une échelle d'implicitations virtuelles :

– Harpagon par sa réplique montre que...
– Molière montre par là que...
– *l'Avare* montre que...
– l'ensemble de l'œuvre de Molière montre que...
– le théâtre classique montre que...

Présupposés et sous-entendus

La problématique de l'implicite ouvre sur celle des lois du discours (cf. *infra* chap. 5), sur les règles qui gouvernent tacitement les échanges discursifs. C'est en s'appuyant sur elles et sur la situation d'énonciation que les co-énonciateurs peuvent capter une bonne part des contenus implicites, en l'occurrence les **sous-entendus**. En revanche, l'autre grand type de contenus implicites, les **présupposés**, est inscrit dans la structure de l'énoncé, indépendamment de ses contextes d'emploi. On peut illustrer cette distinction fondamentale sur un exemple élémentaire :

A : Je cherche quelqu'un pour réparer ma voiture.
B : Mon frère est à la maison.
A : Mais il est toujours débordé !

De la réplique de B on peut tirer le présupposé « B a un frère » ; il s'agit d'une proposition implicite, mais inscrite dans l'énoncé quelle que soit la situation d'énonciation. On peut aussi tirer de cette réplique un autre contenu implicite, par exemple que B propose à A d'embaucher son frère. Or ce contenu n'est pas inféré par A sur la base de la valeur littérale de la réplique, mais à l'aide d'une sorte de raisonnement qu'on pourrait gloser ainsi : « Il me dit que son frère est à la maison ; je peux présumer qu'il parle de manière appropriée et donc que son énonciation a un rapport avec ce que je viens de dire ; il entend certainement me dire par là que son frère ferait l'affaire pour cette réparation ». On voit à quel point les deux types d'implicites sont différents ; le sous-entendu est inféré d'un contexte singulier et son existence est toujours incertaine ; le présupposé, lui, est stable. Le premier se tire de l'énoncé, le second de l'énonciation.

Bien entendu, l'analyse de ces inférences ne peut s'opérer indépendamment du type d'énoncé dans lesquels elles interviennent. Ici, la problématique des genres littéraires joue un rôle crucial. Reprenons nos deux premiers vers du *Cid* :

CHIMÈNE : Elvire, m'as-tu fait un rapport bien sincère ?
Ne déguises-tu rien de ce qu'a dit mon père ?

Du vers 1, on peut tirer le présupposé qu'Elvire a fait un rapport ; du vers 2, que le père de Chimène a dit quelque chose. On en tirera également que Chimène a un père (présupposition *existentielle*), puisqu'il suffit d'introduire une description définie ou un nom propre dans le discours pour que l'on présuppose par là qu'il existe un tel individu dans la réalité. Ce pouvoir conféré à l'énonciateur offre, on s'en doute, la possibilité de bien des manœuvres.

Mais, de ces deux questions de Chimène, on peut également inférer le sous-entendu : la jeune fille est vivement préoccupée de ce qu'a dit son père. En effet, comme la seconde question est redondante par rapport à la première, il est permis de penser que cette bizarrerie s'explique si l'on fait l'hypothèse que Chimène est particulièrement concernée par les propos de son père.

La différence de statut entre ces deux types d'implicite est nette : tout locuteur connaissant le français peut en principe identifier les présupposés, alors que le décryptage des sous-entendus est plus aléatoire. En outre, le nombre de ces sous-entendus est par définition ouvert. Supposons que le spectateur de ce début du *Cid* connaisse bien les conventions de la tragi-comédie de cette époque ; comme Chimène semble très impatiente et que les héroïnes de ce type de pièces ne font que mener des intrigues amoureuses, il aura de bonnes raisons de penser que la jeune fille parle de son amour. Comme ce spectateur sait par ailleurs que ce sont le pères qui accordent la main de leurs filles, peut-être infèrera-t-il aussi que le comte a parlé du mariage de Chimène.

Arrêtons-nous là pour les sous-entendus et considérons sur quels éléments s'appuient les contenus implicites. On peut repérer sans difficulté trois sources :

– la compétence linguistique pour les présupposés ;
– la connaissance des lois du discours (qui excluent par exemple la redondance) ;
– un certain savoir « encyclopédique » : par exemple la connaissance des conventions d'un genre théâtral ou celle des mœurs matrimoniales dans une certaine société.

La construction des inférences ne peut donc qu'être un travail complexe ; à côté d'un noyau relativement dur, les présupposés, il existe des zones beaucoup plus instables, les sous-entendus, qui se répartissent entre le plus assuré (cf. les actes de langage indirects du type « voulez-vous... ? ») et le plus incertain.

Pourquoi l'implicite

Si le langage est un instrument de communication, on peut s'étonner qu'il recoure aussi constamment à l'implicite. L'existence du présupposé est manifestement liée à des principes d'économie ; la communication serait impossible si l'on ne présupposait pas acquis un certain nombre d'informations, à partir desquelles il est possible d'en introduire de nouvelles. C'est pour les sous-entendus « intentionnels », c'est-à-dire ceux dont l'énonciateur provoque le décryptage chez le co-énonciateur, que la réponse apparaît moins évidente.

Souvent le passage par l'implicite permet d'atténuer la force d'agression d'une énonciation en déchargeant partiellement l'énonciateur de l'avoir dite. Ce dernier peut toujours se réfugier derrière le sens littéral : « je ne dis pas cela » répète Alceste (*Misanthrope* I, 2) qui éreinte proprement le sonnet d'Oronte tout en feignant d'évoquer de mauvais vers qu'aurait faits un de ses amis. Le dire est bien autre chose qu'une simple transmission d'information ; il engage la responsabilité de celui qui parle. Ainsi, dans la célèbre scène de l'aveu de Phèdre (*Phèdre* I, 3), l'héroïne se refuse à dire « J'aime Hippolyte » et s'arrange pour que cet énoncé soit sous-entendu ; après avoir fait dire à Oenone « Hippolyte ! », elle enchaîne : « c'est toi qui l'as nommé ! ». Le plus étrange est que Phèdre a décrit le jeune homme très clairement. Tout se passe comme si le fait de dire son nom entraînait une sorte de responsabilité d'ordre juridique : la honte de Phèdre concerne à la fois les lois sociales (prohibition de l'inceste) et les lois du discours.

Le recours à l'implicite n'est pas nécessairement défensif. Comme le décodage des sous-entendus est une activité complexe qui suppose une grande maîtrise dans le maniement du langage, l'invitation faite au lecteur ou au spectateur de résoudre ces petites énigmes, de combler lui-même les failles de l'énoncé peut être un moyen d'établir une connivence valorisante avec lui. Dans ce cas, les partenaires jouissent de leur commune subtilité et de l'identité qui en est le corrélat. C'est le sentiment que donne parfois le théâtre de Giraudoux quand l'essentiel du texte passe par les sous-entendus, quand les personnages mettent en quelque sorte en acte leur humanisme en faisant usage avec virtuosité de cet art éminemment social, la conversation.

Le jugement porté sur le maniement de l'implicite est d'ailleurs ambigu. On peut y voir aussi bien un refus de la franchise qu'une marque de délicatesse, un manque de convivialité qu'une convivialité extrême. La mise à distance fait donc l'objet d'interprétations opposées. Puisque l'implicite se définit comme un jeu entre le dit et le non-dit, un jeu sur la frontière, il est normal qu'il passe sans cesse d'un côté à l'autre. Dans les critiques d'Alceste à l'égard d'Oronte, le recours à l'implicite (« je ne dis pas cela ») est même plus offensant que la franchise dès lors que l'énonciateur n'en use pas avec adresse.

Les présupposés

La définition du présupposé comme une inférence inscrite dans l'énoncé indépendamment de la variété de ses éventuels contextes énonciatifs suppose que soit faite une distinction entre deux niveaux de contenu d'un énoncé :

- un niveau de premier plan, qui correspond à ce sur quoi porte l'énoncé : le **posé** ;
- un niveau à l'arrière-plan, sur lequel s'appuie le posé, le **présupposé**.

Selon qu'ils sont placés sur l'un ou sur l'autre niveau, les contenus ne reçoivent pas du tout le même statut interprétatif. Si les *posés* sont présentés comme ce sur quoi porte l'énonciation, et donc soumis à une contestation éventuelle, les *présupposés* rappellent de manière latérale des éléments dont l'existence est présentée comme allant de soi. Cette dissymétrie est capitale ; elle permet de focaliser l'attention sur le posé et de « faire passer » discrètement le présupposé. Certes, les présupposés ne sont pas nécessairement utilisés à des fins manipulatrices, mais il est indéniable qu'ils offrent cette possibilité.

Lorsque Célimène dit à Alceste :

> Allez, vous êtes fou dans vos transports jaloux
> Et ne méritez pas l'amour qu'on a pour vous.

> *(Misanthrope* IV, 3)

Adroitement elle convertit en présupposé son amour pour Alceste (« l'amour qu'on a pour vous » → « on (= je) vous aime »). Si elle avait fait de cet amour un posé, elle se serait exposée aux objections d'Alceste ; au contraire, elle confère le statut d'une évidence, de quelque chose d'établi, à un sentiment dont Alceste est en train de contester violemment la réalité.

On comprend que l'un des tests classiques pour distinguer le présupposé du posé soit sa *résistance à la négation*. La phrase de Célimène a beau être négative, la négation ne porte pas sur l'amour qu'elle a pour Alceste mais seulement sur le posé, c'est-à-dire le démérite de son soupirant. Il en va de même pour le second test, *l'interrogation*, qui laisse le présupposé hors de portée de la question : « méritez-vous l'amour qu'on a pour vous ? » ne touche pas le présupposé mais seulement le mérite. Le présupposé, tout en étant présent dans l'énoncé, est en quelque sorte soustrait à l'opposition vrai/faux[1].

On distingue classiquement deux types de présuppositions : *locales* et *globales*. Les premières reposent sur une inclusion : « *Quand* êtes-vous arrivé ? » présuppose « vous êtes arrivé *à un certain moment* ». Les secondes se fondent plutôt sur une antécédence : « Paul n'est plus ici » présuppose que Paul était ici auparavant et qu'il existe un individu nommé Paul que le destinataire est censé capable d'identifier. Pour être repérée, la présupposition locale fait intervenir l'interrogation partielle (« Qui ? », « où ? », « quand ? »...) qui porte sur des constituants de la phrase. La présupposition globale fait intervenir négation ou interrogation totale, qui portent sur l'ensemble de la phrase.

Il est possible de contester un présupposé, mais, dans ce cas, la conversation prend un tour franchement polémique et vise beaucoup plus la personne du destinataire que son propos :

> M. ORGON : Il faut, s'il vous plaît, que vous ayez celle (= la complaisance) de suspendre votre jugement sur Dorante, et de voir si l'aversion qu'on vous a donnée pour lui est légitime.
>
> SILVIA : Vous ne m'écoutez donc point, mon père ? Je vous dis qu'on ne me l'a point donnée.
>
> (*le Jeu de l'amour et du hasard*, II, XI)

La discussion porte sur la question de savoir si Bourguignon, dont Silvia est amoureuse, n'aurait pas desservi le supposé Dorante auprès de la jeune fille. M. Orgon glisse sous forme de présupposé ce que Silvia refuse précisément d'admettre. Cette manœuvre n'échappe pas à la jeune fille, qui lance son « vous ne m'écoutez pas ». C'est M. Orgon en personne qui est ici mis

---

1. Dans le cadre de cet ouvrage, nous nous en tenons aux critères traditionnels de la présupposition. On en a proposé récemment des reformulations plus fines en termes d'« univers de croyance » et de « mondes possibles » (voir en particulier R. Martin, *op. cit.*, chap. 1).

en cause, accusé de transgresser une des lois fondamentales de la déontologie conversationnelle.

Dans les cas extrêmes, l'énoncé ne sert plus qu'à faire passer le présupposé. C'est l'exemple de l'interrogatoire policier où l'on demande « quand avez-vous vu la victime pour la dernière fois ? » à quelqu'un qui nie précisément avoir jamais vu cette victime. C'est le péché mignon du personnage de Mme de Gallardon dans *la Recherche du temps perdu* qui par snobisme parsème ses phrases de syntagmes circonstanciels comme « chez mes cousins de Guermantes », « chez ma tante de Guermantes ». Ces syntagmes sont, en apparence, donnés comme des renseignements périphériques, le rappel d'une chose bien connue, mais constituent en fait la véritable raison d'être de l'énoncé ; Mme de Gallardon veut seulement faire savoir :

> « Je suis une cousine des Guermantes »
>
> (*(Du côté de chez Swann*, Gallimard, « folio », p. 390).

Statut des présupposés

Puisque les présupposés se situent en retrait de la ligne énonciative, faut-il les attribuer à la même instance d'énonciation que le posé ? On retrouve ici la problématique de la *polyphonie* développée par O. Ducrot. Si l'on adopte cette perspective, dans un énoncé comme

> Luc veut de nouveau chanter

le posé serait pris en charge par le locuteur, tandis que le présupposé (Luc a déjà chanté) serait garanti par une autre instance, un ON qui peut fort bien inclure la personne du locuteur, comme c'est le cas ici. Mais si l'on trouve un énoncé comme

> La décadence de l'art est une vue de l'esprit

le présupposé « l'art est en décadence » est attribué à un ON dont se démarque le locuteur.

Un débat s'est également engagé sur la question de savoir si la présupposition est, comme le soutient Ducrot[1], un véritable acte de langage, en l'occurrence un acte de présupposition : « dire que je présuppose X, c'est dire que je prétends obliger, par ma

---

1. *Dire et ne pas dire*, Hermann, 1972.

parole, le destinataire à admettre X, sans pour autant lui donner le droit de poursuivre le dialogue à propos de X »[1]. Autrement dit, présupposer c'est donner un contenu en marge du discours, en prétendant ôter au destinataire le droit d'enchaîner sur lui. Conférer un tel statut au présupposé c'est insister sur sa valeur pragmatique, son rôle dans le discours. Comme tout acte illocutoire, la présuppostion serait soumise à certaines conditions, en particulier à l'exigence de ne pas présupposer quelque chose de faux ou l'existence d'un être sans référent. Ainsi le trop célèbre exemple du logicien Russell « le roi de France est chauve » qui affecte une propriété au roi de France, alors qu'il n'y a pas actuellement de roi en France.

Structures présuppositionnelles

Les supports linguistiques des présupposés des phrases sont divers. Signalons, sans souci d'exhaustivité :

– les **verbes factifs** ou **contrefactifs** ; on appelle ainsi les verbes qui présupposent la vérité (verbes factifs) ou la fausseté (verbes contrefactifs) de leur complétive objet : « Paul sait que Jean est venu » présuppose qu'il est vrai que Jean est venu, tandis que « Paul s'imagine que Jean est venu » présuppose que c'est faux. Quand Bossuet dit aux fidèles « vous savez que toute la vie chrétienne, que tout l'ouvrage de notre salut est une suite continuelle de miséricordes » (*Oraison funèbre d'Henriette d'Angleterre*), il donne comme le rappel d'une vérité déjà établie ce sur quoi porte en fait son énoncé. C'est probablement pour esquiver ce présupposé de vérité que dans *le Cid* le comte répond « peut-être » quand Rodrigue lui dit « sais-tu que ce vieillard fut la même vertu... ? » ;

– les **verbes subjectifs**, qui impliquent un jugement de valeur sur la complétive : « avouer » par exemple implique le caractère répréhensible de l'acte dénoté par la proposition qui suit ;

– les **verbes** ou les **marqueurs aspectuels** : « cesser de » présuppose qu'auparavant il y avait un certain procès (« Paul a cessé de dormir » → « Paul dormait auparavant »), « à nouveau » présuppose que le procès a déjà eu lieu au moins une fois, etc. ;

– les **nominalisations** : « le désespoir de Paul » présuppose « Paul est désespéré »... ;

---

1. *le Dire et le dit*, Minuit, 1984, p. 45.

– les **descriptions définies** (« le roi de France », « l'ami de Jean »...) présupposent l'existence d'un référent correspondant ;

– les **épithètes non restrictives** : « Vauban critiqua la fastueuse cour de Louis XIV » présuppose « la cour de Louis XIV était fastueuse »... ;

– les **interrogatives partielles** : « qui vient ? » présuppose que quelqu'un vient, « quand l'as-tu vu ? » présuppose « tu l'as vu », etc. ;

– les **constructions clivées** : « c'est Paul qui est là » présuppose « quelqu'un est là » ;

– les **relatives appositives**, qui donnent sur le mode du rappel latéral une information qui n'est pas censée concourir à la détermination de l'antécédent. L'intérêt de ces relatives, et plus généralement des appositions, est d'acquérir un statut de présupposé du seul fait qu'elles sont placées en retrait de l'acte d'énonciation ; elles sont toujours assertives, même quand l'énoncé enchâssant est interrogatif. Elles sont donc un îlot, mais qui n'est pas sans lien sémantique avec le reste de l'énoncé. Dans cette phrase de Pascal contre les jésuites :

> Ainsi c'est par un aveuglement étrange, où la providence de Dieu les a justement abandonnés, qu'après qu'ils nous ont tant accusés d'injustice, d'imputer à toute leur Compagnie les opinions des particuliers, et que *pour se faire reconnaître* ils ont voulu présenter au monde *leur vrai portrait*, ils se sont en effet représentés dans leur forme la plus horrible.
>
> (« Écrits des curés de Paris », *Œuvres*, Seuil, 1963, p. 488)

la relative appositive « où la providence de Dieu les a justement abandonnés » est présentée comme une remarque annexe, mais c'est en réalité elle qui constitue le cœur de l'argumentation : l'« étrangeté » du comportement des jésuites n'est pas d'ordre social ou psychologique, elle résulte d'une décision divine. Du même coup, l'énonciateur se trouve légitimé, puisqu'il est dans le parti de ceux que soutient Dieu.

Présupposé et textualité

Le présupposé, on l'a dit, joue un rôle essentiel dans la construction de la cohérence textuelle. Pour progresser, un texte s'appuie sur une information posée qu'il convertit ensuite en présupposé. Faute de quoi on n'aurait qu'une suite d'énoncés sans

liens ou la répétition indéfinie de la même chose. Les présupposés sont ainsi *pré-construits*, construits antérieurement à l'énoncé
  – soit parce qu'ils ont été posés dans la partie du texte qui précède ;
  – soit parce que c'est une proposition déjà admise par l'interlocuteur ;
  – soit parce que c'est une proposition censée admise universellement, évidente.

Mais, on s'en doute, c'est là une norme et non l'usage effectif. Non seulement parce qu'il peut y avoir manipulation, coup de force discursif, mais aussi parce qu'il est impossible à l'énonciateur de connaître exactement ce qui est admis ou non par le destinataire. Il en est réduit à faire constamment des hypothèses à ce sujet. Cette disparité entre les savoirs de l'énonciateur et du co-énonciateur a un versant positif : le co-énonciateur, grâce aux présupposés, accède à un savoir dont il était dépourvu, en sus de ce que lui apportent les contenus posés.

Cette possibilité est abondamment exploitée dans certains contextes, par exemple quand il s'agit de donner un maximum d'informations au lecteur ou au spectateur sans que cela semble artificiel. Pour le spectateur d'une scène d'exposition, tout présupposé au même titre que les posés constitue une information nouvelle. Reprenons notre début du *Cid* :

CHIMÈNE

Elvire, m'as-tu fait un rapport bien sincère ?
Ne déguises-tu rien de ce qu'a dit mon père ?

ELVIRE

Tous mes sens à moi-même en sont encor charmés :
Il estime Rodrigue autant que vous l'aimez,
Et si je ne m'abuse à lire dans son âme,
Il vous commandera de répondre à sa flamme.

L'auteur, habilement, donne le statut de présupposés aux informations les plus importantes pour le spectateur : Chimène a un père, ce père vient de dire quelque chose, Chimène aime Rodrigue, Rodrigue aime Chimène. En revanche, certains des posés sont dénués d'importance pour l'intrigue : que le rapport d'Elvire soit sincère, qu'elle ne déguise rien, qu'Elvire soit charmée. C'est là une manière d'informer le spectateur en donnant une apparence naturelle à l'échange. Un tel procédé découle de la duplicité de l'énonciation théâtrale (voir *infra* chap. 7) qui intègre les échanges entre les personnages dans un spectacle offert à un public : avec les présupposés, Chimène donne latéralement au spectateur les informations nécessaires à l'intelligence de l'intrigue.

Si on ne s'en tient pas à une définition non contextuelle des présupposés, que l'on donne toute son importance au rôle qu'ils jouent dans l'enchaînement des énoncés, aux deux critères classiques de la *négation* et de *l'interrogation*, on ajoute celui de *l'enchaînement*, qui ressortit à la dynamique textuelle. En principe, on ne peut enchaîner sur le présupposé d'un énoncé mais seulement sur son posé. Ainsi, après un énoncé comme

> Il estime le soldat que vous aimez.

Elvire pourrait dire « parce que c'est un courageux guerrier » ou « de sorte qu'il acceptera le mariage » (le lien se fait alors avec le posé, en l'occurrence l'estime du comte pour Rodrigue), mais non « parce qu'il a des yeux caressants » ou « de sorte que vous ne pensez qu'à lui toute la journée » (le lien s'établissant ici avec le présupposé, à savoir que Chimène aime Rodrigue). Ce critère d'enchaînement souligne bien la dissymétrie entre posé et présupposé : en retrait de la ligne argumentative, ce dernier n'a pas le même rôle dans le fonctionnement textuel.

Ainsi, selon la manière dont l'énonciateur oriente la suite de son discours, la répartition du posé et du présupposé change d'autant. Ici, il faut faire intervenir le phénomène de la **thématisation**, c'est-à-dire la sélection, en particulier par des moyens prosodiques, de tel ou tel constituant comme étant celui sur lequel « porte » l'énoncé. Dans « Mathilde embrassa Julien dans le salon » selon le *thème* choisi (qui coïncide avec une présupposition locale), la répartition du posé et du présupposé va varier. C'est le co-texte qui permet de sélectionner, l'énoncé pouvant répondre à diverses interrogations partielles :

> – Où Mathilde embrassa-t-elle Julien ?
> – Qui Mathilde embrassa-t-elle dans le salon ?
> – Qui embrassa Julien dans le salon ?
> – Que fit Mathilde ?
> etc.

Si, par exemple, l'énoncé « Mathilde embrassa Julien dans le salon », où l'intonation souligne « Mathilde », répond à la question implicite « Qui embrassa Julien dans le salon ? », alors « Quelqu'un embrassa Julien dans le salon » constitue une présupposition locale contextuelle.

En résumé, les présupposés se répartissent sur deux niveaux : celui de la *phrase*, hors contexte (on retrouve ici les tests de négation et d'interrogation) et celui de l'*énoncé* en contexte qui s'appuie sur la thématisation.

Les présupposés pragmatiques

Les présupposés que nous venons d'envisager sont des présupposés *sémantiques*, que l'on oppose souvent aux **présupposés pragmatiques**.

Ces derniers ne sont pas des éléments du contenu de l'énoncé, mais dépendent de l'énonciation, *des conditions de réussite de l'acte de langage*. On a vu que tout acte de langage par son énonciation implique que les conditions de sa légitimité sont réunies. Cette « implication » peut être reformulée comme présupposition pragmatique. L'acte de questionner, par exemple, présuppose un certain nombre de choses : par exemple que le questionneur ne connaisse pas la réponse, qu'il soit intéressé à ce qu'on lui réponde, que la réponse ne soit pas évidente, que le destinataire soit susceptible de connaître la réponse, etc. Ces conditions semblent respectées dans les deux premiers vers du *Cid*. Elles le sont aussi dans cet échange du *Jeu de l'amour et du hasard*, mais au mépris des convenances :

> ARLEQUIN : Ah ! Te voilà, Bourguignon ! mon porte-manteau et toi, avez-vous été bien reçus ici ?
>
> DORANTE : Il n'était pas possible qu'on nous reçût mal, monsieur.
>
> (I, 8)

La question d'Arlequin présuppose pragmatiquement qu'il n'était pas évident que Dorante ait été bien reçu. La réplique de Dorante vise à annuler l'impolitesse de cette présupposition en contestant la pertinence de la question : la réponse était évidente, rétorque-t-il. Cette correction est rendue nécessaire par la présence d'un tiers, Silvia, qui doit ignorer qu'Arlequin n'est qu'un domestique déguisé en maître.

On peut tirer des effets comiques presque automatiques d'une violation de ce type de présupposés. Ainsi, dans *la Cantatrice chauve* d'E. Ionesco :

> MADAME SMITH *(à Mary, la bonne)* : On n'a rien mangé de toute la journée. Vous n' auriez pas dû vous absenter !
>
> MARY : C'est vous qui m'avez donné la permission.
>
> MADAME SMITH : On ne l'a pas fait exprès.

Le comique vient de ce que l'acte de donner la permission présuppose pragmatiquement que son énonciateur ait l'intention
d'agir comme il le fait. Madame Smith ne peut nier sans contradiction ce qu'implique son énonciation.

C'est bien parce qu'il existe de telles présuppositions que certaines manipulations sont possibles, et au premier chef le mensonge. Quand le roi pour mettre Chimène à l'épreuve lui affirme
que Rodrigue est mort (« Il est mort à nos yeux des coups qu'il
a reçus » (IV, 5)), son énonciation mensongère produit un effet
sur la jeune fille parce que tout acte d'assertion implique la
sincérité de son locuteur, *a fortiori* quand celui-ci est le roi, garant
de la loi.

Les sous-entendus

Présupposés et sous-entendus permettent aux locuteurs de dire
sans dire, d'avancer un contenu sans en prendre totalement la
responsabilité. Avec le présupposé il y a mise en retrait de ce contenu, avec le sous-entendu il s'agit plutôt d'une sorte de devinette
qui est posée au co-énonciateur. Il doit dériver des propositions
en s'appuyant sur les principes généraux qui régissent l'utilisation du langage. Ces sous-entendus ne sont donc pas prédictibles
hors contexte ; selon les contextes la même phrase pourra libérer
des sous-entendus totalement différents.

C'est le philosophe du langage H.P. Grice qui a conceptualisé
le phénomène du sous-entendu[1]. Son idée centrale est que l'activité discursive suppose une coopération de ses participants, qui,
du seul fait qu'ils entrent dans l'échange verbal, sont censés
suivre un certain nombre de règles tacites, les « maximes conversationnelles ». Sur la nature de ces règles et sur leur nombre, on
a discuté et on continue de discuter, mais nul n'en conteste
l'existence. Ce seront, par exemple, des principes qui prescrivent
de donner autant d'informations qu'il est requis, de répondre
quand on vous parle, d'être compréhensible, etc. Comme le
locuteur postule que son partenaire connaît ces maximes, il peut
s'appuyer sur cette présomption pour lui faire inférer des sous-
entendus ; à cet effet, il transgresse une maxime, amenant le co-
énonciateur à faire l'hypothèse que c'est pour délivrer un autre
contenu, implicite, qui serait compatible avec le respect des
maximes conversationnelles.

---

1. « Logic and conversation », 1975, repris dans *Communications*, n° 30, 1979.

Dans *l'Ile des esclaves* de Marivaux, Iphicrate et son esclave Arlequin débarquent dans un pays où ce sont les esclaves qui commandent aux maîtres. Iphicrate continue néanmoins à se comporter comme auparavant :

> IPHICRATE : Suis-moi, donc !
> ARLEQUIN *(siffle)* : Hu ! hu ! hu !
> IPHICRATE : Comment donc ! que veux-tu dire ?
> ARLEQUIN *(distrait, chante)* : Tala ta lara !
> IPHICRATE : Parle donc ; as-tu perdu l'esprit ?
> à quoi penses-tu ?
>
> (I, 1)

Arlequin veut faire comprendre à Iphicrate qu'il n'est plus son esclave. Plutôt que de le lui dire explicitement, il recourt à une stratégie de sous-entendu. Il viole ouvertement les règles conversationnelles puisqu'il siffle ou chante au lieu de répondre, faisant comme s'il n'avait rien entendu. Or il sait parfaitement qu'Iphicrate présume que son esclave connaît et respecte les maximes conversationnelles. Iphicrate sera ainsi amené à construire une hypothèse capable de concilier le postulat qu'Arlequin respecte ces maximes et le fait qu'ici il les transgresse. Cette hypothèse c'est qu'Arlequin veut lui faire tirer un sous-entendu : « je ne suis plus ton esclave ».

Apparemment il échoue, puisqu'au lieu d'opérer l'inférence attendue, Iphicrate s'imagine (ou feint de s'imaginer) que son esclave est devenu fou. Hypothèse assez naturelle dans la mesure où seul le fou est supposé exclu du respect des règles du discours : un fou peut parler tout seul, être inintelligible, répondre de manière inappropriée, etc. Iphicrate préfère croire à cette folie plutôt que d'opérer une inférence qui marquerait la fin de sa domination. En revanche, le spectateur a immédiatement compris le sous-entendu ; la scène prend ainsi un tour didactique. Cette supériorité du spectateur résulte elle aussi d'une prise en compte de règles du discours : postulant que l'œuvre n'est pas incohérente et que les personnages font des actes signifiants, il écartera tout de suite l'hypothèse que l'esclave soit subitement devenu fou ou sourd.

En faisant produire le renversement de condition sociale sur le mode du sous-entendu, l'auteur se comporte en dramaturge. Au lieu de faire faire une tirade à Arlequin, il lui fait *montrer* le renversement de pouvoir. La subversion des règles de domination coïncide théâtralement avec la subversion des règles du discours. Arlequin n'obéit plus à son maître dans la mesure même où il peut se permettre de transgresser les lois de la conversation.

Par son comportement, il montre que le pouvoir est aussi pouvoir de dire.

Laisser entendre, donner à entendre, faire entendre

La notion de sous-entendu a besoin d'être précisée, car on parle souvent de sous-entendus pour des conduites langagières très différentes. Reprenant une distinction de F. Récanati, on ne confondra pas **laisser entendre** avec **donner à entendre** ou **faire entendre**.

Il arrive constamment que, sur la base des lois du discours, on tire des inférences que le locuteur n'a nullement l'intention de susciter mais que ses propos manifestent. Soit une réplique du *Dénouement imprévu* du même Marivaux :

> LE DOMESTIQUE : Monsieur, il y a là un valet qui demande à parler après vous.

(VIII)

Étant donné que ce locuteur est censé donner des informations précises, le co-énonciateur est en droit d'inférer que le domestique ignore l'identité du valet en question. Bien entendu, le domestique n'a probablement pas conscience de ce sous-entendu, mais il ne pourrait sans inconséquence le récuser. Nous dirons que l'énonciation *laisse entendre* l'ignorance du locuteur.

Supposons maintenant que le locuteur veuille amener le destinataire à tirer une certaine inférence, *qu'il produise son énonciation dans cette intention*. Ainsi, dans cet exemple emprunté à Proust :

> — Vous avez remarqué ce qu'a fait cette personne, princesse, dit le général de Froberville à la princesse des Laumes qu'il était venu saluer et que Mme de Saint-Euverte quitta un instant. C'est curieux. Est-ce donc une artiste ?
> — Non, c'est une petite Mme de Cambremer, répondit étourdiment la princesse, et elle ajouta vivement : Je vous répète ce que j'ai entendu dire, je n'ai aucune espèce de notion de qui c'est, on a dit derrière moi que c'étaient des voisins de campagne de Mme de Saint-Euverte, mais je ne crois pas que personne les connaisse.
>
> (*Du côté de chez Swann*, Gallimard, « folio », p. 398)

La princesse, placée au firmament de la mondanité, entend préserver à tout prix cette situation privilégiée. En indiquant l'identité de l'inconnue au général, elle « laisse entendre » involontairement qu'elle la connaît personnellement. Elle n'est pas sûre que le général prêtera attention à cette inférence possible, mais elle le redoute fort : cela pourrait signifier qu'elle fréquente des personnes dont la position mondaine est nulle ou que Mme de Cambremer a une haute situation mondaine, deux choses intolérables. Désirant annuler l'inférence dangereuse, elle « donne à entendre » qu'elle ne connaît pas personnellement Mme de Cambremer en disant « je vous répète ce que j'ai entendu dire... ».

En résumé, un locuteur L « donne à entendre que *q* par une énonciation E si, par cette énonciation, L laisse entendre que *q*, et si, exploitant l'implication, L fait l'énonciation E dans l'intention de laisser entendre que *q* »[1].

On peut faire un pas de plus et considérer les sous-entendus au sens strict, ceux qu'analyse Grice de manière privilégiée. Le locuteur *fait entendre* une proposition à son destinataire s'il transgresse ouvertement un principe conversationnel de manière à lui faire dériver un sous-entendu. Dans l'échange entre Iphicrate et Arlequin, ce dernier par sa transgression des lois du discours affiche, donne à voir son intention de faire décrypter un sous-entendu. Dégager un sous-entendu est l'unique moyen pour le co-énonciateur de *concilier la violation apparente des lois discursives avec le respect présumé de ces lois*. Comme on a affaire à une intention communicative qui se manifeste de manière ouvertement dissimulée, on retrouve ici la problématique des actes de langage indirects (cf. « Voulez-vous me rendre un service ? »), par lesquels on signifie au destinataire qu'il lui faut découvrir un contenu au-delà du sens littéral.

Sous-entendus et mondanité

Nous avons commenté un exemple tiré des épisodes mondains de la *Recherche du temps perdu*. Il existe, en effet, une relation étroite entre l'art du sous-entendu et la mondanité. Le mondain vit dans des cercles restreints pour lesquels l'exercice du discours joue un rôle crucial ; si l'on veut y maintenir ou y renforcer sa position, il faut savoir contrôler, orienter sa parole au milieu d'un jeu extrêmement complexe d'injonctions plus ou moins contradictoires.

C'est le cas de Mme de Gallardon que sa situation paradoxale de parent pauvre d'une illustre famille contraint à jouer serré :

---

1. F. Récanati, *op. cit.*, p. 146.

> Quand on lui parlait d'un personnage illustre, elle répondait
> que, sans le connaître personnellement, elle l'avait rencontré
> mille fois chez sa tante de Guermantes, mais elle répondait
> cela d'un ton si glacial et d'une voix si sourde qu'il était clair
> que, si elle ne le connaissait pas personnellement, c'était en
> vertu de tous les principes indéracinables et entêtés auxquels
> ses épaules touchaient en arrière...
>
>   (*Du côté de chez Swann*, Gallimard, « folio », p. 390)

Mme de Gallardon use adroitement de l'implicite pour négocier
son image de marque dans le sens le plus favorable. Le problème
qu'il lui faut résoudre est simple : avouer qu'elle ne connaît pas
les gens illustres sans passer pour une mondaine obscure. En disant
qu'elle a rencontré l'illustre personne mille fois chez sa tante de
Guermantes, elle « donne à entendre » qu'elle appartient à la coterie la plus en vue. Par ailleurs, en usant d'un ton et d'une voix
totalement hors de propos, elle « fait entendre » autre chose : « mes
principes m'interdisent d'entretenir des relations avec cette personne ». Sous-entendu dont l'effet est d'annuler ce que, sinon,
son propos « laisserait entendre », en l'occurrence qu'elle n'est
pas admise dans l'intimité des gens importants. Ce faisant, elle
fait comme la princesse des Laumes, elle anticipe sur le travail
interprétatif de son allocutaire. En écrivant « il était clair que... »,
l'auteur laisse planer le doute sur l'efficacité de cette stratégie.
Le locuteur *présente* son discours comme devant normalement
amener l'allocutaire à dégager le sous-entendu réparateur, mais
ce n'est qu'une prétention énonciative. Apparemment, la situation subalterne de Mme de Gallardon indique que nombre d'auditeurs, en tout cas ceux qui comptent, ne sont pas dupes.

Dans cet univers mondain, l'identité résulte de la position plus
ou moins élevée que l'on occupe, de la qualité de la coterie à
laquelle on appartient. Comme tout s'y passe en conversations,
il est capital de construire dans son discours une image de soi
susceptible de vous faire accéder ou de vous maintenir dans le
cercle le plus élevé. A travers toutes ses paroles, l'infortunée
Mme de Gallardon gère l'infernal paradoxe dans lequel elle est
prise : cousine des Guermantes *et* rejetée du nombre des élus.
L'usage de l'implicite est indispensable, car toute explicitation
mettrait en évidence ce qu'il faut cacher. Si elle parvient à persuader ses destinataires de ses présupposés et de ses sous-entendus,
le réel se conformera au langage. Dans cet univers, il suffit, en
effet, que l'on croie que vous disposez d'une situation enviable
pour que vous en disposiez effectivement. La rumeur y est le seul
support des identités et la conversation, loin d'être un passe-temps

contingent et futile, est une activité aux enjeux considérables (à cette échelle, bien entendu). L'interlocution est l'espace où se conquièrent et se ruinent les situations.

La dérivation du trope

La problématique du sous-entendu, on vient de le voir, fait largement appel à l'antique notion de « sens littéral ». On ne sera pas surpris que Grice et d'autres pragmaticiens aient considéré que les **tropes** traditionnels (métaphore, hyperbole, litote, ironie...) étaient des cas de sous-entendus. De fait, les similitudes sont évidentes. Le co-énonciateur d'un trope, comme celui d'un sous-entendu, doit commencer par déchiffrer le sens littéral, reconnaître qu'il n'est pas pertinent, enfin dériver une nouvelle interprétation, celle qu'est censé vouloir transmettre l'énonciateur. Dans les deux cas pour Grice, il s'agit d'actes de langage indirects que l'on dérive en se basant sur des principes conversationnels. Si, par exemple, le locuteur dit « Luc est un roc », le co-énonciateur, sachant que Luc est un humain, va chercher une interprétation qui soit compatible avec le postulat que le locuteur respecte les maximes conversationnelles (en l'occurrence le locuteur aurait violé la maxime qui lui enjoint de ne pas dire ce qui est faux).

Ainsi, lorsque le Comte dit à Don Diègue à propos du roi :

> Et ma tête en tombant ferait choir sa couronne.

le co-énonciateur, ne pouvant imaginer la tête du comte allant renverser la couronne du monarque, voit là une fausseté patente et cherche une interprétation susceptible d'annuler la transgression ; il n'aura pas de mal à identifier un double processus métonymique (« ma tête » pour « ma mort », « sa couronne » pour « son pouvoir ») et construira un énoncé plus pertinent, « ma mort provoquerait le renversement du roi ». On le voit, les vieilles figures de rhétorique sont ainsi intégrées dans un cadre pragmatique.

Mais cette assimilation des tropes aux sous-entendus ne va pas sans difficultés :

> Dans les autres cas considérés par Grice, les implicitations [les sous-entendus] *s'ajoutent* à la signification de la phrase énoncée, la complètent et, ensemble avec elle, constituent ce que le locuteur a voulu faire entendre. Dans le cas des tropes, en revanche, les implicitations *se substituent* à la signification, la remplacent au lieu de la compléter (...). Dans le cas des tropes, la substitution d'une implicitation à la signification

de l'énoncé confirme l'hypothèse d'une violation, au lieu de
l'infirmer ; les implicitations des tropes ne satisfont donc pas
au même critère que les autres implicitations et ne sauraient
relever du même calcul [1].

Cette conception des tropes pose une foule d'autres problèmes,
surtout quand on aborde des tropes comme l'hyperbole ou la litote
pour lesquels l'idée que le sens littéral de l'énoncé tropique
transgresse une loi du discours perd de son évidence. Le danger
majeur d'une approche de ce genre est le réductionnisme,
en particulier pour le discours littéraire. Un énoncé comme
« L'homme est un roseau » fait plus que violer une maxime et obliger à chercher un sens dérivé, il suscite un travail de l'imaginaire.
En outre, les tropes de la littérature sont inscrits dans des textes
et leur valeur résulte au premier chef des réseaux micro- et macro-
contextuels dont ils participent. Ce n'est pas l'énoncé isolé d'un
locuteur que l'on interprète, mais un texte qui ouvre une myriade
de relations virtuelles. On peut également s'interroger sur la valeur
de l'opposition entre le « littéral » et le « dérivé », le « direct » et
l'« indirect » que suppose ce type d'analyse. Est-on en droit de
distinguer un énoncé non-véridique (« l'homme est un roseau »)
et, d'autre part, ce qui serait son sens « véritable », ce que Pascal
aurait vraiment voulu dire (l'homme est faible, instable...) ? Pour
reprendre une formule célèbre, si Pascal avait *voulu dire*, il aurait
dit ; autrement dit, ce que l'auteur « veut dire » c'est ce que le
texte dit. La force d'un trope est peut-être précisément de se
tenir en suspens, de ne se fixer ni sur le sens littéral ni sur le sens
dérivé.

On aura sans doute noté la ressemblance entre la tentative de
Searle pour donner un statut illocutoire au fictif et celle de Grice
pour ramener les tropes aux sous-entendus. L'un et l'autre font
appel à la transgression de principes : conditions de sincérité et
de responsabilité pour le fictif, maxime de véridicité pour les
tropes. Du point de vue du discours littéraire, on retrouve ici sous
une forme différente, une version sophistiquée de la vieille définition du style comme « écart », « figure »... Qu'on ne puisse s'en
passer à un certain niveau, c'est probable, mais la littérature,
répétons-le, joue de cette opposition bien plus qu'elle ne s'y laisse
asservir.

---

1. D. Wilson et D. Sperber, « Remarques sur l'interprétation des énoncés selon Paul
Grice », *Communications*, n° 30, 1979, p. 82-83.

LECTURES CONSEILLEES

DUCROT O.

1972 - *Dire et ne pas dire*, Paris, Hermann. Édition revue et augmentée, 1980.

1984 - *le Dire et le dit,* Paris, Minuit.

(Deux ouvrages de référence en matière de réflexion sur la présupposition et le sous-entendu).

KERBRAT-ORECCHIONI C.

1986 - *l'Implicite*, Paris, A. Colin.
(Comme l'indique le titre, une synthèse extrêmement utile consacrée aux multiples aspects de la problématique de l'implicite.)

TRAVAUX

• *Évoquant son enfance à Combray, le narrateur de* la Recherche *parle de ses deux tantes qui, pour remercier Swann de leur avoir offert des bouteilles de vin, recourent à l'implicite. Vous étudierez ce passage à la lumière des notions introduites dans ce chapitre.*

(La tante Flora intervient au moment où Swann conte une anecdote rapportée par Saint-Simon.)

« Donc Saint-Simon raconte que Maulévrier avait eu l'audace de tendre la main à ses fils. Vous savez, c'est ce Maulévrier dont il dit : « Jamais je ne vis dans cette épaisse bouteille que de l'humeur, de la grossièreté et des sottises ».
— « Épaisses ou non, je connais des bouteilles où il y a tout autre chose », dit vivement Flora, qui tenait à avoir remercié Swann elle aussi (...) Swann interloqué reprit...

(*Du côté de chez Swann*, Gallimard, « folio », p. 36)

• *Vous commenterez la réaction du grand-père :*

Comment, c'est cela que vous appelez remercier ! s'écria mon grand-père. J'ai bien entendu cela, mais du diable si j'ai cru que c'était pour Swann. Vous pouvez être sûres qu'il n'a rien compris. — Mais voyons, Swann n'est pas bête, je suis certaine qu'il a apprécié. Je ne pouvais cependant pas lui dire le nombre de bouteilles et le prix du vin !

(*Ibid.*, p. 46)

• *Dans ces deux fragments de Mérimée, relevez et classez les présupposés détectables avec les tests d'interrogation et de négation.*

> Je descendais le dernier coteau du Canigou, et, bien que le soleil fût déjà couché, je distinguais dans la plaine les maisons de la petite ville d'Ille, vers laquelle je me dirigeais.
>
> (Début de *la Vénus d'Ille*)

> Théodore, dit M. le professeur Wittembach, veuillez me donner ce cahier relié en parchemin sur la seconde tablette, au-dessus du secrétaire : non pas celui-ci, mais le petit in-octavo. C'est là que j'ai réuni les notes de mon journal de 1866, du moins celles qui se rapportent au comte Szémioth.
>
> (Début de *Lokis*)

• *Quels sont les présupposés pragmatiques attachés à l'ordre donné par le professeur Wittembach ?*

• *Étudiez le rôle des présupposés dans les enchaînements suivants :*

> MADAME SMITH : c'est triste pour elle d'être demeurée veuve si jeune.
>
> M. SMITH : il ne leur manquait plus que cela ! Des enfants ! Pauvre femme, qu'est-ce qu'elle en aurait fait ?
>
> MADAME SMITH : Elle est encore jeune. Elle peut très bien se remarier. Le deuil lui va si bien !
>
> M. SMITH : Mais qui prendra soin des enfants ? Tu sais bien qu'ils ont un garçon et une fille (...)
>
> (E. Ionesco, *la Cantatrice chauve*)

> (Silvia vient de défendre Dorante contre les accusations de Lisette.)
>
> LISETTE : Je dis, Madame, que je ne vous ai jamais vue comme vous êtes, et que je ne conçois rien à votre aigreur. Eh bien, si ce valet n'a rien dit, à la bonne heure ; il ne faut pas vous emporter pour le justifier ; je vous crois, voilà qui est fini ; je ne m'oppose pas à la bonne opinion que vous en avez, moi.
>
> SILVIA : Voyez-vous le mauvais esprit ! comme elle tourne les choses ! Je me sens dans une indignation... qui... va jusqu'aux larmes.
>
> LISETTE : En quoi donc, Madame ? Quelle finesse entendez-vous à ce que je dis ?
>
> SILVIA : Moi, j'y entends finesse ! moi, je vous querelle pour lui ! j'ai bonne opinion de lui ! Vous me manquez de respect jusque-là ! Bonne opinion, juste ciel ! bonne opinion ! Que faut-il que je réponde à cela ? (...)
>
> (*le Jeu de l'amour et du hasard*, II, 7)

• *Dans cet emploi de « crois-tu ? », les présuppositions pragmatiques de l'interrogation sont-elles respectées par l'énonciateur ? Quelle valeur pragmatique attacher à cette question ? Quels présupposés pragmatiques sont associés au tutoiement ?*

> RUY BLAS : C'est dit, monsieur : allez dedans prier Dieu !
>
> DON SALLUSTE : C'est un assassinat !
>
> RUY BLAS : Crois-tu ?
>
> > > (V. Hugo, *Ruy Blas*, V, 3)

• *Dans son poème « A Villequier »* (Contemplations, IV, 15), *Hugo médite sur la soumission de l'homme à la volonté de Dieu, en dépit de la mort d'êtres qui lui sont chers. A partir de cette strophe :*

> Je conviens à genoux que vous seul, père auguste,
> Possédez l'infini, le réel, l'absolu ;
> Je conviens qu'il est bon, je conviens qu'il est juste
> Que mon cœur ait saigné, puisque Dieu l'a voulu.

étudiez le statut du verbe convenir *à l'égard de la présupposition ; faites de même pour* puisque. *En quoi vos conclusions permettent-elles d'éclairer la signification de ce poème ?*

5. Les lois du discours

Des conventions tacites

La dérivation du sous-entendu, on vient de le voir, repose sur un ensemble de normes, une sorte de code que Grice appelle « maximes conversationnelles », d'autres « postulats de conversation ». Nous utiliserons ici le terme d'O. Ducrot, **lois du discours**. Ces « lois » jouent un rôle considérable dans l'interprétation des énoncés et définissent une sorte de **compétence pragmatique** (d'autres disent une « compétence rhétorique »). Il ne s'agit pas de lois comparables à celles qui régissent la grammaticalité des phrases, mais d'une sorte de code de bonne conduite des interlocuteurs, de normes que l'on est supposé respecter quand on joue le jeu de l'échange verbal. Grice les fait toutes dépendre d'une sorte de méta-principe, le **principe de coopération** : « que votre contribution conversationnelle corresponde à ce qui est exigé de vous, au stade atteint par celle-ci, par le but ou la direction acceptée de l'échange parlé dans lequel vous êtes engagé ».

Encore faut-il ne pas se méprendre sur le sens de telles règles. On leur a reproché de postuler une vision illusoirement harmonieuse des échanges verbaux, de faire croire que les locuteurs collaborent de leur mieux à la réussite d'énonciations conformes à un idéal. En réalité, il ne s'agit pas de savoir si, de fait, les locuteurs respectent toujours ces règles, mais de bien voir que l'échange verbal, comme toute activité sociale, repose sur un « contrat » tacite (qui varie évidemment selon les genres de discours).

Arrêtons-nous un instant sur cette notion de « contrat tacite ». On parle de « contrat », mais ce ne sont pas des conventions explicites et conscientes. Le philosophe D. Lewis[1] a comparé ce type de convention à des jeux de coordination dans lesquels les

---

1. *Convention*, Cambridge (Mass.), Harvard University Press, 1969.

participants ajustent leurs comportements à celui des autres sans passer pour autant un accord explicite : ainsi deux rameurs qui synchronisent leur cadence. Face à une situation inédite, les sujets agissent conformément à ce qui, d'après leur expérience, devrait être le comportement des autres dans une situation de ce type. C'est de cette façon que s'instituent des normes de comportement relativement stables, liées à des systèmes d'attentes mutuelles : on accomplit quelque chose en se conformant à une règle et l'on attend que les autres en fassent autant. On a vu que lecteur et auteur dans la « coopération narrative » s'appuyaient sur des attentes de ce genre ; dans une conversation les interlocuteurs s'appuient sur les lois du discours.

De telles *conventions tacites* n'ont rien des règles obligatoires et inconscientes qui régissent la morphologie ou la syntaxe, que T. Pavel[1] préfère appeler *conventions constitutives*, qui sont au langage ce que les règles des échecs ou des dames sont à ces jeux : des lois de fonctionnement.

Les listes de lois du discours et leur organisation interne varie considérablement d'un auteur à l'autre, mais l'on retrouve à peu près les mêmes éléments dans toutes. Nous allons nous appuyer ici sur la classification proposée par C. Kerbrat-Orecchioni[2] qui procède à un inventaire raisonné de celles qui sont le plus couramment invoquées.

Nous commencerons par distinguer trois *principes* très généraux (principes de coopération, de pertinence, de sincérité) avant de relever des lois plus spécifiques.

Le principe de coopération

On l'a dit, ce principe a chez Grice le statut d'un méta-principe. Cela se comprend puisqu'il se contente de poser que les sujets parlants qui communiquent s'efforcent de ne pas bloquer l'échange, de faire aboutir l'activité discursive. Par définition, chacun des protagonistes se reconnaît et reconnaît à son co-énonciateur les droits et les devoirs attachés à l'élaboration de l'échange. Dans la mesure où il faut être deux pour converser, le sujet le plus égoïste est bien obligé s'y soumettre.

---

1. *Univers de la fiction*, Seuil, 1986, p. 157.
2. *L'Implicite*, IV, 4.

Il entre dans la définition d'un misanthrope de prendre quelques libertés avec un tel principe. Ainsi, quand Oronte adresse une vibrante déclaration d'amitié à Alceste, ce dernier « semble n'entendre pas qu'Oronte lui parle » :

> ORONTE : C'est à vous, s'il vous plaît, que ce discours
>   s'adresse.
> ALCESTE : A moi, monsieur ?
> ORONTE : A vous. Trouvez-vous qu'il vous blesse ?

(I, 2)

Oronte se comporte comme s'il n'envisageait pas que son destinataire puisse ne pas coopérer ; si Alceste ne répond pas, c'est parce qu'il ne sait pas qu'on lui parle. Mais on peut penser qu'Alceste viole délibérément le principe de coopération pour le respecter à un second niveau. Il fait mine de ne pas être le destinataire pour donner à entendre à Oronte que ses propos sont mensongers et en conséquence nuls et non avenus pour lui. De cette façon, Alceste coopère discursivement, fût-ce sur un mode paradoxal. L'intérêt de son attitude est qu'elle mime en quelque sorte ce qu'il veut faire comprendre : je ne prête pas attention à vos propos, non parce que je refuse de coopérer, mais parce qu'il est impossible que de tels propos s'adressent à moi. La balle est ainsi renvoyée dans le camp d'Oronte sans qu'Alceste ait dit le moindre mot. Alceste va donc plus loin que l'Arlequin de *l'Ile des esclaves* à l'égard d'Iphicrate : alors que l'esclave se contentait de répondre à côté, de contester les modalités de l'échange dissymétrique que prétendait imposer Iphicrate, le misanthrope, lui, conteste le principe même de l'échange.

Le principe de pertinence

C'est un principe d'une importance aussi grande que le principe de coopération. Pour D. Sperber et D. Wilson, ce serait même l'axiome fondamental de l'échange verbal :

> De façon très intuitive, un énoncé est d'autant plus pertinent qu'avec moins d'information, il amène l'auditeur à enrichir ou modifier le plus ses connaissances ou ses conceptions. En d'autres termes, la pertinence pragmatique d'un énoncé est en proportion directe du nombre de conséquences pragmatiques qu'il entraîne pour l'auditeur et en proportion inverse de la richesse d'informations qu'il contient [1].

---

1. *Communications*, n° 30, p. 88.

Ces auteurs développent donc une conception plutôt informative de la pertinence, évaluée d'après ses conséquences. Ainsi « il pleut » sera moins pertinent dit comme un simple constat qu'en réponse à la question d'un locuteur qui veut savoir s'il doit ou non arroser son jardin. Il s'ensuit que l'évaluation de la pertinence dépend des destinataires : selon les connaissances dont ils disposent déjà dans un contexte donné, ils jugeront plus ou moins pertinent un énoncé. Pour interpréter les énoncés du locuteur, le destinataire présume qu'il respecte l'axiome de pertinence : « le locuteur fait de son mieux pour produire l'énoncé le plus pertinent possible », eu égard au genre de discours concerné, évidemment.

On peut avoir une conception plus large de la pertinence dans la mesure où il est difficile de concevoir qu'un énoncé ne soit pas approprié d'une manière ou d'une autre à la situation. Si, par exemple, le locuteur dit quelque chose que tout le monde est censé connaître, il est toujours possible de calculer une interprétation qui le rendra pertinent, indépendamment de son manque d'informativité apparent. La dimension informative et celle de l'« à propos » ne convergent que tendanciellement. Tout dépend de l'autorité dont bénéficie le locuteur. Les propos d'une personne reconnue seront toujours présumés pertinents alors que ceux d'une personne sans crédit seront facilement disqualifiés. Ainsi, dans cet échange des *Fourberies de Scapin* (II, 1) :

> GÉRONTE : Ma foi, seigneur Argante, voulez-vous que je vous dise ; l'éducation des enfants est une chose à quoi il faut s'attacher fortement.
> ARGANTE : Sans doute. A quel propos cela ?
> GÉRONTE : A propos de ce que les mauvais déportements des jeunes gens viennent le plus souvent de la mauvaise éducation que leurs pères leur donnent.
> ARGANTE : Cela arrive parfois. Mais que voulez-vous dire par là ?

Manifestement, Argante ne fait guère crédit à Géronte, qu'il place à deux reprises en position d'infraction en déclarant non pertinents ses propos. C'est une décision d'Argante, une stratégie d'agression bien plus que la conséquence d'un constat objectif. Peut-être cette transgression des règles de convenance (voir *infra* le respect des « faces » de l'interlocuteur) est-elle destinée à libérer un sous-entendu comme « vos propos ne m'intéressent pas ».

Par essence, une énonciation se pose comme pertinente. Parler à propos c'est tout simplement parler ; le « propos » fait coïncider le dire et la pertinence comme on le voit chez Argante :

« A quel propos cela ? ». Dès qu'elle explicite son droit à la parole, qu'elle marque sa pertinence, l'énonciation risque de produire un effet paradoxal : en se justifiant elle révèle un défaut de légitimité. Rien de plus significatif à cet égard que l'emploi d'« à propos » quand il sert à introduire ce qui précisément ne vient pas à propos. Le « à propos » employé absolument peut s'affaiblir en « à propos de... » qui sélectionne un élément du contexte verbal ou non-verbal pour poser la pertinence de l'énoncé qui suit :

> DORANTE : Tu me railles, tu as raison ; je ne sais ce que je dis, ni ce que je te demande. Adieu.
> SILVIA : Adieu ; tu prends le bon parti... Mais à propos de tes adieux, il me reste encore une chose à savoir : vous partez, m'as-tu dit ; cela est-il sérieux ?
>
> (*le Jeu de l'amour et du hasard*, II, 9)

Ici Silvia souhaite continuer la conversation avec Dorante, alors qu'elle lui déclare qu'elle ne veut pas avoir de relation avec lui. Quand le jeune homme lui dit qu'il s'en va, elle est prise à son propre piège. Comment enchaîner sur « adieu » sans perdre la face à ses yeux et aux yeux de Dorante ? En disant « à propos de tes adieux », elle rejette la responsabilité de son dire sur les mots de Dorante et affirme la pertinence d'une question dont le contenu trahit pourtant la vacuité : « cela est-il sérieux ? ». Ce faisant, une fois de plus, elle révèle ce qu'elle s'efforce de cacher dans le mouvement même pour le cacher.

Le principe de sincérité

La question de Silvia sur la sincérité des énoncés de Dorante trahit sa mauvaise foi, parce que précisément toute énonciation est présumée sincère. Les locuteurs sont censés n'asserter que ce qu'ils tiennent pour vrai, n'ordonner que ce qu'ils veulent voir réaliser, ne demander que ce dont ils veulent effectivement connaître la réponse, etc. En d'autres termes, les locuteurs sont supposés adhérer à leurs propos. Mais ce n'est là qu'une sorte de règle du jeu, non une thèse sur la sincérité « effective » des sujets. En fait, on oscille entre une conception « cynique » de ce principe (il n'y a ni sincérité ni insincérité, mais des sujets qui disent ce qu'il faut pour être intrégrés dans une collectivité) et une conception psychologique ou éthique (être sincère, c'est dire ce que l'on pense).

La célèbre scène du sonnet d'Oronte illustre bien la complexité du maniement de ce principe. Oronte dit vouloir établir un contrat de sincérité avec Alceste :

> ALCESTE
> J'ai le défaut
> D'être un peu plus sincère qu'il ne faut.
>
> ORONTE
> C'est ce que je demande, et j'aurais lieu de plainte,
> Si, m'exposant à vous pour m'en parler sans feinte,
> Vous alliez me trahir et me déguiser rien.

(I, 2)

Or, dans ce type de situation, le rituel mondain exige que l'on demande aux auditeurs d'être sincères. Alceste (par impulsivité ? par naïveté ? par provocation ?...) viole les convenances pour respecter le principe de sincérité : il fait comme si la demande d'Oronte était une véritable demande, c'est-à-dire une demande sincère. Mais qui peut dire si la demande d'Oronte est sincère ou non ? Le théâtre nous montre une situation de discours sans offrir un site à partir duquel on pourrait trancher en toute certitude.

Curieusement, alors même que le discours est censé régi par le principe de sincérité, la langue dispose de modalisateurs comme « franchement » ou « sincèrement ». Ce qui laisse supposer qu'il existe différents niveaux de sincérité. Mais à part Alceste (qui dit du sonnet d'Oronte : « franchement, il est bon à mettre au cabinet »), tout le monde sait que l'insincérité se masque tout autant derrière des « franchement » : « je ne flatte point » dit Philinte pour accompagner ses flatteries, « sans mentir » dit le renard de la fable au corbeau.

Ce jeu subtil est bien illustré par Célimène quand elle accueille son ennemie Arsinoë par ces mots :

> Madame, sans mentir, j'étais de vous en peine.

Énoncé perfide qui est construit sur une contradiction énonciative. « J'étais de vous en peine » implique, en effet, que Célimène a de l'affection pour Arsinoë, tandis que le « sans mentir » donne à entendre « je sais que vous pensez que je ne vous aime pas ». Au cas où Arsinoë aurait cru que Célimène était son amie, elle se voit détrompée. « Sans mentir » présuppose pragmatiquement que, sans cette précision, l'énonciation risquerait d'être interprétée comme mensongère ; du même coup, le seul fait de l'employer fait peser un soupçon sur un énoncé que normalement on ne devrait pas suspecter puisqu'il s'agit d'une formule conventionnelle.

La manière dont Célimène manie le principe de sincérité est symptômatique d'un phénomène plus général. A travers le discours, les locuteurs négocient constamment entre des injonctions contradictoires. Pour se faire du mal, Célimène et Arsinoë n'ont que le discours à leur disposition ; elles doivent à la fois ne jamais rompre le fil, respecter les principes conversationnels tout en se portant les coups les plus durs. Dans ce théâtre, alors que pour le monde masculin la parole peut être relayée par la violence physique (Rodrigue défie le comte, Oronte envoie ses témoins à Alceste), les femmes se déchirent en demeurant dans le cercle du langage.

La loi d'informativité

A côté de ces principes très généraux, on peut mentionner des lois du discours plus spécifiques *qui portent sur le contenu des énoncés* ; la loi d'informativité est l'une des plus utilisées. Son champ d'application est extrêmement vaste puisqu'elle exclut qu'on parle « pour ne rien dire ». Mais son maniement n'est pas simple. La notion d'informativité varie en fonction des destinataires et des contextes. Pour Alceste, Oronte viole la loi d'informativité quand, au lieu de lire son sonnet, il profère un certain nombre de phrases préliminaires :

> ORONTE
> « Sonnet... » C'est un sonnet. « L'espoir... » C'est une dame
> Qui de quelque espérance avait flatté ma flamme.
> « L'espoir... » Ce ne sont point de ces grands vers pompeux
> Mais de petits vers doux, tendres et langoureux, etc.

Alceste ne semble pas admettre que l'exigence d'informativité soit combattue par les rituels de bienséance, le souci de désamorcer à l'avance les critiques.

Pour le public, toute transgression manifeste de la loi d'informativité provoque un effet comique assuré :

> DU BOIS
> Monsieur, il faut faire retraite.
>
> ALCESTE
> Comment ?
>
> DU BOIS
> Il faut d'ici déloger sans trompette.
>
> ALCESTE
> Et pourquoi ?

> DU BOIS
> Je vous dis qu'il faut quitter ce lieu.
>
> ALCESTE
> La cause ?
>
> DU BOIS
> Il faut partir, monsieur, sans dire adieu.
>
> ALCESTE
> Mais par quelle raison me tiens-tu ce langage ?
>
> DU BOIS
> Pour la raison, monsieur, qu'il faut plier bagage.
>
> (*le Misanthrope*, IV, 4)

Ce morceau de comique quelque peu mécanique détonne dans cette pièce. Il est probable que sa fonction est dramatique. Comme le spectateur vient d'assister à une longue scène d'explications orageuses entre Célimène et Alceste, le contraste entre ces deux usages du discours, pathétique et comique, rappelle au spectateur qu'il s'agit bien d'une comédie, et non d'une tragi-comédie ou d'une tragédie. Dans une poétique comme celle du XVIIᵉ siècle où la définition des genres a une portée ontologique et sociale, ce rappel n'a rien d'accessoire.

En contraste, on évoquera à nouveau le début du *Cid* où Chimène demande à sa confidente de refaire son récit. Cette fois la répétition est doublement justifiée : par la vraisemblance psychologique (Chimène est amoureuse) et par le commentaire d'Elvire (« puisqu'il vous en faut encore faire un récit... »). En employant *puisque* et *il faut*, la confidente se décharge sur sa maîtresse de la transgression de la loi du discours.

La loi d'exhaustivité

La loi d'exhaustivité peut paraître redondante par rapport à la loi d'informativité. En fait, elle prescrit qu'un énoncé fournisse l'information pertinente « maximale ». C'est en vertu de cette loi que le domestique qui dit qu'« un valet » est venu sera fautif s'il connaît la personne : devant identifier l'individu, il n'a pas donné tous les renseignements que son maître était en droit d'attendre. Le valet Du Bois, après avoir transgressé la loi d'informativité, viole celle d'exhaustivité en commençant par dire qu'« un homme noir et d'habit et de mine » a laissé un papier pour n'annoncer qu'ensuite qu'on est venu dire à Alceste qu'il allait être arrêté par la police. En ne donnant pas immédiatement l'information la plus importante, il met en œuvre le procédé de la fameuse chanson « Mais à part ça, madame la Marquise... ». La transgression est attribuée à la balourdise du domestique, c'est-à-dire à un préjugé social figé en convention théâtrale.

Avec cette loi d'exhaustivité, on saisit à quel point le fonctionnement du discours s'écarte de la logique. Pour un logicien « j'ai vu Paul dix fois » implique que « j'ai vu Paul cinq fois » est vrai ; en revanche, si un locuteur dit « j'ai vu Paul cinq fois » quand il l'a vu dix fois, cela passera, sauf contextes particuliers, pour une sorte de mensonge.

La loi d'exhaustivité est subordonnée au principe de pertinence, c'est-à-dire que le locuteur est censé donner un maximum d'informations, mais seulement celles qui sont susceptibles de convenir au destinataire. Submerger de détails est aussi répréhensible que retenir l'information. Sur ce point, les contraintes liées aux genres de discours jouent un rôle décisif, car elles indiquent aux protagonistes ce qu'il est requis de dire et de ne pas dire. L'excès de précision comme le laconisme provoquent un effet comique, signe que, là aussi, une norme sociale a été violée. C'est le cas dans la célèbre scène des *Plaideurs* de Racine (III, 4) où l'avocat pour plaider une cause dérisoire déclare en préambule :

> Je vais, sans rien omettre et sans prévariquer,
> Compendieusement énoncer, expliquer,
> Exposer à vos yeux l'idée universelle
> De ma cause, et des faits enfermés en icelle.

Voulant évoquer ce qui s'est passé « avant la naissance du monde », il s'attire la réplique du juge « passons au déluge ». Derrière l'absurde de cette tirade, est posé un problème réel, celui de la limite au-delà de laquelle il convient de ne pas aller. Dans la tradition littéraire française, les hommes de justice incarnent la transgression de la loi d'exhaustivité. Probablement parce que ce sont des hommes de lois écrites et d'archives, alors que la déontologie de la conversation vivante privilégie les valeurs mondaines d'à propos, d'ajustement immédiat à la situation et à l'interlocuteur. Les lois du discours valorisent ainsi leur souplesse aux dépens de la pesante accumulation des lois positives. En revanche, lorsque la longueur et la précision des propos ne sont pas censés ridiculiser leur énonciateur, on peut trouver des justifications qui établissent leur conformité avec le principe de pertinence :

> Vous me direz : « pourquoi cette narration ? »
> C'est pour vous rendre instruit de ma précaution.
>
> (Arnolphe dans *l'École des femmes*, I, 1)

Pour l'« honnête homme » de la littérature classique, le
« pédant » qui ne fait grâce d'aucun détail constitue un repoussoir idéal. Aussi Mascarille dans les *Précieuses ridicules* se vante-
t-il de ne pas écrire avec pédantisme : « Tout ce que je fais a l'air
cavalier ; cela ne sent point le pédant (scène X) ». Le style « cavalier » convient à un homme qui écrit des « impromptus ».
Mascarille a beau être un personnage comique, il défend les valeurs
d'une littérature imprégnée de mondanité, celle qui domine le
XVIIe et le XVIIIe siècle français.

La loi de modalité

Par là sont condamnés les multiples types d'obscurité dans
l'expression (phrases trop complexes, elliptiques, vocabulaire inintelligible, bafouillage, etc.) et le manque d'économie dans les
moyens. La condamnation du « jargon », du « galimatias » est
universelle et sa mise en scène constitue un prodédé comique sûr.
Bien souvent pourtant, elle traduit des divergences idéologiques
plus qu'une transgression objective. Quand dans les *Précieuses
ridicules*, après avoir fait exposer à Madelon sa conception des
relations amoureuses, Gorgibus lui déclare : « Quel diable de
jargon entends-je ici ? Voilà bien du haut style » (V), il exprime
surtout son rejet de l'univers précieux (un peu plus loin il dira
« je ne puis rien comprendre à ce baragouin »). En fait, dans les
propos de Madelon, ni le lexique ni la syntaxe ne s'écartent de
l'usage le plus courant. On peut seulement relever l'emploi de
« vision » au lieu d'« idée » (« j'ai mal au cœur de la seule *vision*
que cela me fait »). Gorgibus s'appuie sur la loi de modalité pour
condamner ce que suppose ce type d'énonciation, c'est-à-dire l'existence de petits groupes où règne un discours privé. Lui le « bon
bourgeois » qui veut ouvrir sa famille, donner sa fille en mariage
à un brave garçon, est rebuté par les usages linguistiques fermés
des précieuses, dont les cercles subvertissent le découpage traditionnel de la société.

De manière générale, il y a une tension permanente entre l'usage
restreint de la langue et son usage universel. De même que Gorgibus se moque du jargon des précieuses, Pascal dans les premières *Provinciales* raille le lexique censé équivoque des théologiens
antijansénistes ; ainsi *suffisant* dans l'expression *la grâce suffisante* serait un terme trompeur puisqu'il désignerait une grâce qui
en fait ne « suffit » pas à sauver l'homme. Mais il n'y a ici d'équivoque que parce que Pascal traduit en français courant un terme

de vocabulaire spécialisé, un concept latin en usage dans le discours théologique. Comme Molière, il prend donc à témoin le public des honnêtes gens, qui est censé coïncider avec celui des garants des normes discursives. Mais de telles condamnations présupposent qu'il existe un code linguistique de référence qui s'imposerait à tous. Il est révélateur que l'auteur de la première Provinciale en appelle à l'autorité de l'Académie : « je n'y vois plus de remède si Messieurs de l'Académie, par un coup d'autorité, ne bannissent de la Sorbonne ce mot barbare qui cause tant de divisions »[1]. Le français des honnêtes gens doit prévaloir sur les usages restreints.

Lois de discours et comportement social

Nous venons d'évoquer quelques règles proprement discursives ; il en est d'autres qui concernent l'ensemble des comportements sociaux. C'est ici qu'en général on fait intervenir la célèbre théorie des **faces** issue des travaux du sociologue américain E. Goffman[2]. *Face* est ici pris dans une acception bien illustrée par les expressions françaises « sauver/perdre la face ». Dans la vie en société, chacun cherche à défendre son territoire (appelé *face négative*) et à valoriser, à faire reconnaître et apprécier par autrui la qualité de sa propre image (*face positive*). Mais ce but égoïste ne peut être atteint que si l'on ménage les faces négative et positive d'autrui : si l'on agresse quelqu'un, il n'aura pas une image positive de vous, etc. S'adresser à quelqu'un, lui donner un ordre, l'interrompre... sont autant d'incursions dans son territoire. Inversement, bafouiller, s'excuser, etc. dévalorisent la face positive de l'énonciateur. Il est pourtant nécessaire de s'auto-dévaloriser un peu pour valoriser autrui et être en retour valorisé par lui. De là un travail incessant de négociation entre des forces contradictoires. Nous parlerons de *menace* sur la *face positive* ou contre le *territoire* d'autrui (terme plus clair que « face négative »). Il y a là davantage qu'un calcul égoïste ; c'est la condition de toute communication. Sauf situation particulière, l'écrasement d'autrui se retourne contre l'énonciateur. Pour reprendre un terme philosophique, il n'y a de sujet que reconnu par un autre sujet.

---

1. *Provinciales*, Classiques Garnier, 1967, p. 19.
2. Voir en particulier *les Rites d'interaction*, Minuit, 1974.

Le personnage du misanthrope de Molière apparaît précisément comme celui qui dénonce ce « commerce » engendré par la nécessité de valoriser autrui pour se valoriser soi-même. Oronte en lisant son œuvre menace le territoire d'Alceste mais aussi sa propre face positive (il risque de passer pour un fâcheux et pour un écrivain médiocre). Pour conjurer ce double péril, il commence par faire de grandes protestations d'amitié et des compliments outranciers à Alceste (« l'État n'a rien qui ne soit au-dessous/Du mérite éclatant que l'on découvre en vous »), de manière à valoriser sa propre face positive et celle de son destinataire (un homme qui reconnaît mon mérite ne peut qu'être doué de grandes qualités, devrait se dire Alceste). Une fois Alceste devenu en quelque sorte son débiteur, Oronte pense pouvoir sans danger lire son poème. On comprend que des compliments trop appuyés créent une suspicion chez celui qui en est l'objet. Dans *Dom Juan* le séducteur couvre de fleurs son créancier, M. Dimanche ; annulant par le discours une dette en or, il le paie ainsi en monnaie de singe.

En fait, les choses sont encore plus complexes, car le compliment en faisant du destinataire un débiteur menace son territoire. Ce sont ces retournements perpétuels qui font toute la subtilité des interactions discursives. En général, les comportements ont des effets contradictoires : Oronte menace le territoire d'Alceste en le forçant à l'écouter, mais il valorise aussi sa face positive en le mettant en position de juge, d'homme de goût. En établissant avec Alceste un contrat de sincérité, il menace sa propre face positive (si le sonnet est jugé mauvais), mais il la valorise aussi puisqu'il se confère l'image d'un homme qui place la vérité au-dessus de tout. Comme son expérience des usages du monde lui a appris que de toute façon il serait complimenté et qu'il pense « tenir » Alceste par ses offres d'amitié, les risques sont finalement minimes. Il ne peut cependant empêcher qu'on le dévalorise en son absence (c'est d'ailleurs un des ressorts de la pièce que ces médisances perpétuelles dans le dos des intéressés), mais, dans la mesure où les rôles sont permutables à l'infini (celui qui médit devient à son tour victime de la médisance, celui qui lit un sonnet sera ensuite amené à écouter celui d'un autre, etc.), il se produit une sorte de neutralisation, d'annulation des déficits à l'échelle de l'ensemble de cette petite société.

Ménager autrui

Ménager la face positive et le territoire d'autrui est une préoccupation fondamentale des interlocuteurs. La tradition littéraire connaît le personnage du « fâcheux » qui, sans porter atteinte à la face positive de son destinataire, menace constamment son territoire (le force à l'écouter, lui prend son temps...). Les multiples formules de politesse visent à faire reconnaître au destinataire l'intention que l'on a de le ménager, c'est-à-dire la conscience qu'a le locuteur de le menacer

C'est bien le co-énonciateur qui est concerné, car menacer la face positive d'une personne absente est sans commune mesure avec menacer celle de son interlocuteur. Cette différence est remarquablement illustrée dans *le Misanthrope* où l'on voit par exemple Célimène dans le même vers passer de la médisance la plus noire à l'endroit d'Arsinoë absente à des formules de bienvenue :

> Elle est impertinente au suprême degré.
> Et...
> Ah ! quel heureux sort en ce lieu vous amène ?

> (III, 3-4)

Quand les deux femmes s'adressent des méchancetés, elles adoptent des stratégies d'indirection et ne renoncent aux civilités qu'en dernir recours. Bien qu'elles se haïssent et sachent que l'autre le sait, elles évitent l'agression verbale directe. Mettre en cause les lois du discours, ce serait passer la frontière qui sépare l'univers social et un dehors sans repères. Même Alceste hésite longtemps à critiquer franchement le sonnet d'Oronte et use d'un détour, feignant d'évoquer les critiques qu'il aurait adressées à une de ses relations. Il laisse Oronte déchiffrer sa critique sous forme de sous-entendu.

L'effet comique est assuré si le destinataire, loin de s'offusquer de la menace, s'en réjouit. C'est le cas d'un autre misanthrope, celui de Labiche :

> MACHAVOINE : C'est convenu ?... Un instant ! ... vous pouvez l'être un filou !...
> CHIFFONNET, *à part* : Il me traite de filou !... il est charmant.

> (E. Labiche, *le Misanthrope et l'Auvergnat*, 7)

Si la menace sur sa face positive réjouit tant Chiffonnet, c'est que ce dernier est en train d'établir avec Machavoine un étrange contrat, qui consiste à privilégier coûte que coûte le principe de sincérité. La grossièreté de la réplique de l'Auvergnat lui apparaît comme la preuve qu'il est capable de respecter un contrat qui contredit la déontologie discursive usuelle. La conclusion de la pièce, on s'en doute, sera que seule cette déontologie usuelle est compatible avec les exigences de la vie sociale. On notera que ce contrat de sincérité ressemble à celui qu'établit Oronte avec Alceste, mais les rôles sont inversés. Dans les deux pièces, seul un être placé à la limite de la société policée et d'une supposée pure nature (un atrabilaire, un rustre) peut effectivement accepter de menacer la face positive de son interlocuteur.

Se ménager soi-même

Toute médaille a son revers. Comme toujours dans les lois du discours, il ne faut pas trop en faire. Un locuteur qui laisserait trop menacer sa face positive ou son territoire se dévaloriserait. Les excuses excessives se retournent contre celui qui les profère, l'humilité peut se dégrader en bassesse. Ce qui ne signifie pas qu'il faille chanter ses propres louanges. Le vaniteux Oronte lui-même n'ose valoriser sa face positive (« Je crois qu'un ami chaud, et de ma qualité/N'est pas assurément pour être rejeté » (I, 2)) qu'après avoir encensé Alceste, c'est-à-dire quand il pense qu'il peut se le permettre.

Il est néanmoins des situations où la transgression de ces lois est non seulement tolérée mais requise, quand on veut offenser le destinataire. Pour l'offenser, il faut en effet lui faire reconnaître l'intention que l'on a de l'offenser et, pour cela, menacer délibérément son territoire et sa face positive ou se glorifier soi-même aux dépens d'autrui. La scène du *Cid* où le Comte et Don Diègue se querellent, ainsi que celle où Rodrigue défie le Comte, sont à cet égard exemplaires. Dans la première, on voit les deux hommes chanter leurs propres mérites avec une absence de retenue qui s'explique par le caractère rituel des joutes oratoires féodales dont l'aboutissement est le duel. Quand le Comte donne un soufflet à son concurrent, il l'accompagne d'un

> Ton impudence,
> Téméraire vieillard, aura sa récompense.

Le passage du « vous » au « tu » accompagné de l'apostrophe « vieillard » atteste l'atteinte portée à la face positive de Don Diègue : le « tu » l'exclut de la sphère de réciprocité, tandis que « vieillard » le fait déchoir de son statut social noble pour le réduire à sa seule réalité physique. Le soufflet porté sur la face (littérale) marque le paroxysme de l'ingérence dans le territoire. Toute cette scène suppose une intrication étroite entre le faire verbal et le faire physique ; l'agression est codée puisque le soufflet, dans le code de l'honneur, est le geste qui signifie l'intention de jeter l'infamie, tandis que la parole insultante blesse au plus vif.

Ce type de scène transgressive mobilise les lois de comportement social de manière univoque. Mais ce sont des cas extrêmes. La règle générale, on l'a dit, est le dosage subtil entre des injonctions contradictoires. Ainsi, lorsque Rodrigue après avoir tué le Comte se rend chez Chimène, il menace gravement la face positive et le territoire de la jeune fille. En entrant chez elle dans un tel contexte, en la conjurant de lui parler, il fait une incursion violente dans son territoire et porte atteinte à sa réputation ainsi qu'à l'image qu'elle a d'elle-même. Mais il porte aussi atteinte à sa propre face positive. Il est dès lors condamné à un jeu très serré. Pour réparer la menace sur Chimène, il n'offre rien de moins que sa vie, réparant indirectement sa propre face positive par son oblation. Il ne peut néanmoins aller trop loin dans le sens de l'humilité, car cela se retournerait contre lui et contre Chimène : il se doit de demeurer un parfait gentilhomme. De là un balancement constant entre la soumission et le refus de rougir de ses actes :

> Je fais ce que tu veux, mais sans quitter l'envie
> De finir par tes mains ma déplorable vie ;
> Car enfin n'attends pas de mon affection
> Un lâche repentir d'une bonne action...
> Je le ferais encor, si j'avais à le faire.
>
> (III, 4)

Il est pris dans la nécessité de se dévaloriser et de se valoriser à la fois, les mêmes paroles jouant simultanément dans les deux sens. Comme Chimène est prisonnière de paradoxes symétriques, cela conduit à une casuistique subtile :

> Tu t'es, en m'offensant, montré digne de moi ;
> Je me dois, par ta mort, montrer digne de toi.

Un théâtre pédagogique

Quand il s'agit de pièces comme *le Cid* ou *le Misanthrope*, on perçoit très nettement la dimension pédagogique de ce théâtre : les transgressions d'Alceste comme la parfaite conformité de Rodrigue au code aristocratique montrent au public ce qu'il convient de dire ou de ne pas dire. Dans cette dramaturgie essentiellement verbale, tout se résout en échanges qui sont à la fois le modèle et le reflet de la déontologie discursive d'une certaine société. Le théâtre, foyer de la vie culturelle, donne corps aux

normes discursives, d'autant plus efficacement qu'il ne *dit* pas
ce qu'il convient de faire mais le *montre* à travers le drame.

Il suffit que maîtres et valets échangent leurs rôles pour que
cette valeur pédagogique apparaisse au grand jour. Dans *le Jeu
de l'amour et du hasard*, Arlequin révèle sa véritable condition
par son maniement défectueux des lois du discours. A l'inverse,
le faux valet offre le spectacle de ce que devrait dire un valet idéal.
De fait, le valet idéal est par définition celui qui s'exprime comme
son maître le voudrait :

> DORANTE : Je cherche monsieur Orgon ; n'est-ce pas à lui
> que j'ai l'honneur de faire la révérence ?
>
> MONSIEUR ORGON : Oui, mon ami, c'est à lui-même.
>
> DORANTE : Monsieur, vous avez sans doute reçu de nos nou-
> velles ; j'appartiens à monsieur Dorante qui me
> suit, et qui m'envoie toujours devant vous assu-
> rer de ses respects, en attendant qu'il vous en
> assure lui-même.
>
> MONSIEUR ORGON : Tu fais ta commission de fort bonne
> grâce, Lisette, que dis-tu de ce garçon-là ?
>
> SILVIA : Moi, monsieur, je dis qu'il est le bienvenu, et
> qu'il promet.
>
> DORANTE : Vous avez bien de la bonté ; je fais du mieux qu'il
> m'est possible.

(I, 6)

Le pseudo-valet délivre le modèle du bien dire, ménageant la face
positive et le territoire de son destinataire quand il contraint
M. Orgon à l'écouter, se montrant idéalement informatif quand
il doit délivrer son message. Ce qui permet à M. Orgon de lui
décerner une sorte de brevet de bonne conduite langagière en le
complimentant.

Pour C. Kerbrat-Orecchioni[1], le compliment est un acte de
langage « illocutoirement double » :

1) en tant qu'assertion, il prétend faire admettre au destinataire son contenu comme vrai ;

2) en tant que cadeau verbal il vise à faire plaisir.

Mais le compliment menace aussi le territoire du destinataire,
puisqu'il suppose une ingérence dans ses affaires et le met en position de débiteur, l'oblige à fournir une compensation. Certes, il

---

1. « La description des échanges en analyse conversationnelle : l'exemple du
compliment », *DRLAV*, n° 36-37, 1987, p. 15.

valorise la face positive du complimenté, mais ce dernier peut difficilement l'accepter sans violer la règle qui veut que l'on ne se glorifie pas soi-même. D'un autre côté, un rejet peut porter atteinte au complimenteur, laisser penser qu'on refuse ses cadeaux, qu'on met en doute sa sincérité, etc. C'est donc une question de dosage. La stratégie de Dorante est des plus classiques : en disant « vous avez bien de la bonté » il accepte le compliment et fait d'une pierre deux coups ; il renvoie un autre compliment (valorise donc en retour le complimenteur) et indique que la louange est exagérée.

On notera que ce n'est pas sans quelque bon motif que M. Orgon incite sa fille à complimenter le jeune homme. Par sa valeur oblative, son intention de faire plaisir, le compliment possède une valeur érotique virtuelle, qu'exploite abondamment celui qui entend faire la cour. En agissant ainsi M. Orgon, qui veut aider Dorante, place Silvia dans une relation avec le jeune homme qui tend à les inscrire dans le registre amoureux.

Le contraste avec Arlequin est éloquent. Il agresse son destinataire en croyant respecter les lois du discours :

> MONSIEUR ORGON : Mon cher monsieur, je vous demande mille pardons de vous avoir fait attendre ; mais ce n'est que de cet instant que j'apprends que vous êtes ici.
>
> ARLEQUIN : Monsieur, mille pardons ! c'est beaucoup trop ; et il n'en faut qu'un, quand on n'a fait qu'une faute.

(I, 10)

M. Orgon accomplit un acte d'excuse qui fonctionne en même temps comme une stratégie destinée à entrer en matière, c'est-à-dire à annuler la menace sur le territoire que constitue la prise de parole. Ce faisant, il oblige son destinataire à compenser par sa réponse. C'est bien ce que veut faire Arlequin, mais, comme il présuppose ce qu'il devrait nier (à savoir que M. Orgon a commis une faute), il aboutit au résultat inverse, portant atteinte à sa propre face positive comme à celle de son auditeur. Sa maladresse laisse donc entendre à M. Orgon qu'il ne maîtrise pas les lois du discours. C'est précisément en corrigeant l'hyperbole polie de M. Orgon, en croyant le prendre en flagrant délit de maniement défectueux du discours, qu'il montre son propre défaut de maîtrise.

L'auteur a donc choisi un mode de présentation d'Arlequin qui le ridiculise, mais ne l'exclut pas purement et simplement de l'exercice policé du discours. C'est bien sûr la conséquence d'une contrainte à la fois sociale et esthétique : comme il n'est pas question que le domestique prenne la place du maître (Arlequin n'est pas Ruy Blas), il faut bien s'arranger pour marquer sa non-appartenance à la sphère des maîtres. Par définition le valet est une figure instable qui oscille selon les genres, les auteurs, les époques entre le rustre qui aurait son code de politesse spécifique et le maître. En faire un causeur maladroit est une solution de compromis qui permet de faire fonctionner la pièce : un Arlequin trop grossier ne serait pas crédible et bloquerait le développement de la comédie.

Ce type de théâtre s'inscrit dans un univers imprégné des valeurs de la société de cour. Comme l'a bien montré N. Elias, dans ce monde les rites de politesse ne sont nullement des gestes accessoires :

> Ce sont des bagatelles dans une société où la réalité de l'existence sociale consiste en fonctions financières et professionnelles. Dans la société de cour ces « bagatelles » sont en réalité l'expression de l'existence sociale, de la place que chacun occupe dans la hiérarchie en vigueur [1].

Arlequin est obligé de jouer à un jeu dont il ne maîtrise pas les règles. Si le but de ce jeu est de montrer par son discours qu'on est qualifié pour appartenir à une certaine sphère, on peut dire qu'il a échoué. En revanche, au sommet de l'échelle sociale, il est possible de transgresser si l'on dispose d'une autorité suffisante dans le monde. Car ces lois du discours ne sont pas comme les règles de la syntaxe ou de la morphologie, l'énonciateur définit son rapport à elles en définissant son identité. Avoir du pouvoir, être le maître, c'est précisément pouvoir accomplir dans certaines limites ce que le commun des locuteurs ne peut se permettre : se faire complimenter sans offrir de compensation, ne pas répondre à qui vous parle, ne pas être clair, etc. Dans *la Recherche* proustienne, le personnage du baron de Charlus illustre bien ce cas de figure. A la différence d'Alceste, il ne conteste pas les lois du discours, mais les transgresse pour monter des scénarios pervers ou humilier ceux qui sont d'un rang mondain inférieur. Mais ses affirmations indirectes de supériorité ne sont efficaces qu'aussi longtemps que la « cote » mondaine du baron est élevée. Dans un tel univers, nul n'est jamais assuré de sa position ; c'est une des leçons majeures de *la Recherche*.

---

1. N. Elias, *la Société de cour*, tr. fr. 1985, Flammarion, p. 84.

LECTURES CONSEILLÉES

SPERBER D., WILSON D.
1979 - « Remarques sur l'interprétation des énoncés selon Paul Grice »,
in *Communication*, n° 30.
(Une analyse critique des « maximes conversationnelles » qui entend
promouvoir la loi de pertinence.)
KERBRAT - ORECCHIONI C.
1986 - *l'Implicite*, Paris, A. Colin.
(Le chapitre IV présente dans le détail la problématique des lois
du discours ; une synthèse appuyée sur des exemples variés.)

TRAVAUX

• *Dans cet extrait d'une comédie de Musset, analysez l'enchaînement des répliques du point de vue des lois du discours :*

> LA MARQUISE, *d'un ton sérieux* : Mais enfin, monsieur, qu'est-ce que vous me voulez ?
>
> LE COMTE : Mais, madame, je veux... je désirerais...
>
> LA MARQUISE : Quoi ? car enfin, vous m'impatientez...
>
> *(Il faut qu'une porte soit ouverte ou fermée.)*

• *Même question pour le fragment suivant :*

> L'ABBÉ : Que pensez-vous, madame, du dernier sermon ? L'avez-vous pas entendu ?
>
> LA BARONNE : C'est vert et rose, sur fond noir, pareil au petit meuble d'en haut.
>
> L'ABBÉ : Plaît-il ?
>
> LA BARONNE : Ah ! pardon, je n'y étais pas.
>
> L'ABBÉ : J'ai cru vous y apercevoir.
>
> LA BARONNE : Où donc ?
>
> L'ABBÉ : A Saint-Roch, dimanche dernier.
>
> LA BARONNE : Mais oui, très bien. Tout le monde pleurait...
>
> *(Il ne faut jurer de rien, I, 2)*

• *Étudiez la valeur pragmatique de* plaît-il, *dans ce contexte et en général.*

• *Même question à propos de* sérieusement. *Vous comparerez ce terme au* sans mentir *de Célimène à Arsinoë (cf. supra p. 106) :*

(Silvia veut empêcher Dorante de partir mais ne veut pas
lui avouer qu'elle l'aime.)

SILVIA :   Prenez garde : je crois que vous ne m'entendez
pas, je suis obligée de le dire.

DORANTE : A merveille ! et l'explication ne me serait pas
favorable. Gardez-moi le secret jusqu'à mon
départ.

SILVIA :   Quoi ! sérieusement, vous partez ?

(III, 8)

• *A partir de cet échange entre deux personnes de Musset :*

LE COMTE :   Non, madame, je dis : la personne, celle
dont l'estime, le sentiment, la...

LA MARQUISE : Ah ! ciel ! vous allez faire une phrase !

*(Il faut qu'une porte soit ouverte ou
fermée.)*

*vous réfléchirez sur la relation entre ce genre de comédie et un certain
usage des lois du discours.*

• *Sous la plume de La Bruyère on lit ceci :*

L'on peut définir l'esprit de politesse ; l'on ne peut en fixer
la pratique : elle suit l'usage et les coutumes reçues ; elle est
attachée aux temps, aux lieux, aux personnes, et n'est point
la même dans les deux sexes, ni dans les différentes conditions : l'esprit tout seul ne la fait pas deviner ; il fait qu'on
la suit par imitation, et que l'on s'y perfectionne. Il y a des
tempéraments qui ne sont susceptibles que de la politesse, et
il y en a d'autres qui ne servent qu'aux grands talents ou à
une vertu solide. Il est vrai que les manières polies donnent
cours au mérite et le rendent agréable, et qu'il faut avoir de
bien éminentes qualités pour se soutenir sans la politesse.

Il me semble que l'esprit de politesse est une certaine attention à faire que, par nos paroles et par nos manières, les autres
soient contents de nous et de nous-mêmes.

(*les Caractères*, « De la société... », 32,
Classiques Garnier, p. 163)

*Vous commencerez par analyser soigneusement ce texte en le rappor-
tant à son contexte historique. Vous vous demanderez ensuite par quels
aspects il recoupe la problématique des lois du discours et par quels
aspects il lui est irréductible.*

6. Le contrat littéraire

Nous avons recouru aux lois du discours pour éclairer des dialogues, mais les œuvres elles-mêmes constituent un acte d'énonciation : si le concept de loi du discours a quelque validité, il doit s'appliquer également à ce niveau, même si l'auteur et le co-énonciateur d'une œuvre ne « conversent » pas, même si le lecteur ne peut intervenir dans un texte qui est déjà achevé quand il y accède.

Il peut néanmoins sembler anormal d'invoquer ici les lois du discours, c'est-à-dire de traiter le processus de communication de l'œuvre littéraire comme un acte d'énonciation soumis aux normes de l'interaction verbale. La conception usuelle de la littérature considère, en effet, que l'œuvre constitue un monde autarcique dont l'élaboration se fait en dehors de toute prise en compte de sa réception.

En fait, il faut tenir les deux bouts de la chaîne, montrer que l'énonciation de l'œuvre s'appuie sur les lois du discours mais sans s'y laisser enfermer. En tant que « discours », la littérature ne peut se placer à l'extérieur des exigences du « principe de coopération » ou de la « loi de modalité », mais, en tant que littérature, elle s'y soumet en fonction de son économie propre, du rapport que chaque œuvre ou type d'œuvre institue avec les usages non-littéraires du discours.

Du genre au contrat

Nous avons déjà insisté sur l'importance des genres littéraires. Au-delà des lois générales qui président à l'échange verbal, chaque genre de discours définit les siennes. Quoi que fasse par exemple un auteur dramatique pour légitimer les répliques de ses personnages, c'est bien le genre qui les rend acceptables ou non : dans un vaudeville, dix lignes peuvent passer pour une ennuyeuse tirade, alors que la Sophosnibe de Corneille, sans faire le moindre récit, profère tout naturellement des répliques de 43 vers (*Sophos-nibe*, I, 4). La tragédie définit en effet un tempo lent et la compréhension des dialogues suppose une attention spécifique qui excède le jeu de la conversation usuelle. Les lois du discours sont donc modulées : le public, sachant à quel genre il va avoir affaire, structure ses attentes en conséquence.

On retrouve ici la notion de « convention tacite », appliquée à l'exercice de la parole. Ce n'est qu'une traduction immédiate du principe de coopération : les attentes du public dérivent d'un contrat tacite, celui qu'a passé l'auteur avec lui en produisant une comédie de boulevard, un roman policier ou un pamphlet.

Les genres ne suffisent pourtant pas à définir tous les contrats possibles de la littérature, puisque les œuvres aussi peuvent instituer des contrats singuliers. Sur cette base, on peut en distinguer trois types :

– ceux qui s'inscrivent exactement dans les limites d'un genre ;
– ceux qui jouent avec les contrats génériques (en mêlant plusieurs genres, en s'y soumettant de manière ironique, en les parodiant...) ;
– ceux qui se présentent hors de tout genre, c'est-à-dire prétendent définir un pacte singulier.

On pense souvent que seules les œuvres relevant de la sous-littérature acceptent pleinement les règles d'un genre et qu'une œuvre véritable doit se poser hors de toute contrainte générique, être à elle-même son propre genre. Il n'en est rien ; il y a des chefs-d'œuvre qui relèvent d'un genre consacré et des œuvres médiocres qui ont prétendu définir leurs propres règles. Les tragédies de Racine, par exemple, passent pour respecter scrupuleusement les normes de la tragédie classique, en particulier les fameuses trois unités. Mais cela ne signifie pas qu'elles manquent d'originalité ; ce respect scrupuleux est une dimension constitutive de cet univers tragique. La soumission aux règles lui permet à la fois de définir des huis clos et d'assumer une impossible liberté, celle-là même de personnages pris dans les rets du langage de cour. En revanche, le Corneille d'avant la Fronde, dont les pièces s'accommodent mal des règles, adopte les positions des jésuites en matière de liberté humaine, et inscrit ses pièces dans un univers plus féodal qu'absolutiste ; dans un tel monde, il est requis de prendre quelque liberté avec les règles pour accomplir de grandes choses. En d'autres termes, *davantage que l'appartenance à un genre, ce qui importe c'est la manière dont l'œuvre gère ses relations à ce genre.*

Certains auteurs créent leurs propres genres par les distorsions qu'ils imposent aux genres établis : ainsi les comédies d'amour de Marivaux (*la Seconde surprise de l'amour, les Fausses confidences, le Jeu de l'amour et du hasard...*), qui ne relèvent pas des genres habituels (comédie d'intrigue, de caractère, de moeurs...). Entre les genres et les œuvres la relation n'est donc pas de simple inclusion dans un moule préétabli. Les œuvres novatrices modifient l'espace ; après Molière ou Marivaux les partages usuels de la comédie sont nécessairemnt modifiés.

Même quand une œuvre prétend se légitimer sans la la moindre référence aux genres établis, sa prétention à l'autodéfinition ne peut être que partielle ; le contrat singulier qu'elle établit n'est qu'un îlot dans l'ensemble des règles tacites qu'elle respecte (ne serait-ce que par l'inscription dans cette institution qu'est la Littérature).

La présentation de l'œuvre

L'institution littéraire, les contrats génériques ont beau légitimer par avance le discours de l'œuvre, l'auteur éprouve souvent la nécessité de se justifier. Le seul fait de prendre la parole (et qu'est-ce que proposer une œuvre au public sinon une prise de parole superlative ?) constitue une incursion territoriale caractérisée qui appelle des réparations. Toutes les formes de *captatio benevolentiae* dont la rhétorique était friande ne sont que l'illustration de cette exigence.

La situation d'Oronte a ici valeur exemplaire. Les stratégies qu'il utilise (formules d'autodépréciation, offres d'amitié...) pour minimiser la menace qu'il fait peser sur autrui en lisant ses vers sont le miroir de la condition même de l'auteur. En effet, que fait Molière en nous faisant rire d'Oronte sinon réparer par là même l'incursion territoriale dont il se rend coupable en se faisant écouter des spectateurs, moyennant finance, pendant plusieurs heures ? Dire et justifier son dire sont indiscernables. En donnant du plaisir au public il efface sa faute et la retourne : si l'œuvre est réussie, c'est le destinataire qui sera l'obligé de l'auteur. Paradoxalement, il répare par son œuvre l'offense dont il s'est rendu coupable en adressant cette œuvre au public.

Mais indépendamment de cette réparation en quelque sorte performative, consubstantielle à l'exercice de la littérature, c'est surtout dans les préfaces, avant-propos, préambules de tous types que l'auteur négocie. Pour ce faire il recourt aux stratégies les plus diverses. Ainsi Hugo, dans la préface à ses *Œuvres complètes* (1850) :

> De la valeur de l'œuvre, l'avenir décidera. Mais ce qui est certain, ce qui dès à présent contente l'auteur, c'est que dans le temps où nous sommes, dans ce tumulte d'opinions, dans la violence des partis pris, quelles que soient les passions, les colères, les haines, aucun lecteur quel qu'il soit, s'il est lui-même digne d'estime, ne posera ce livre sans estimer l'auteur.

Hugo lie donc sa propre face positive à celle du lecteur. Enfreignant la règle qui veut qu'on ne se loue pas soi-même, il pose que seuls les lecteurs dignes d'estime sauront l'estimer. En bon romantique, il déplace l'accent de l'œuvre vers celui dont elle est censée exprimer l'intériorité, du « message d'une âme » vers la qualité de cette âme.

Parler de soi

La situation de Hugo n'est que le révélateur de quelque chose de radical. Toute œuvre est doublement transgressive : parce qu'elle impose sa parole, mais aussi parce que, directement ou indirectement, elle ne parle que de son auteur, contraignant le destinataire à s'intéresser à lui. Or c'est là une conduite réprouvée. Habituellement, cette transgression est très euphémisée, voire dissimulée, par l'appartenance de l'œuvre à un genre reconnu et, au-delà, à l'institution littéraire ; il arrive néanmoins qu'elle affleure quand il s'agit de textes délibérément autobiographiques. L'auteur est alors contraint de répondre par avance au « en quoi cela nous intéresse-t-il ? ». Dans le cas des *Confessions* de saint Augustin, l'exhibition littéraire de soi est justifiée par le repentir et les nécessités apologétiques :

> Cependant, Seigneur, laissez-moi parler en présence de votre miséricorde, moi terre et cendre ; laissez-moi parler puisque c'est à votre miséricorde que je parle, et non pas à l'homme, qui se rirait de moi.
>
> (I, VI, trad. E. de Labriolle, *Les Belles Lettres*, 1925)

L'auteur se libère de sa faute en présentant son énonciation comme adressée à Dieu miséricordieux. Il accepte ainsi les sarcasmes des hommes tout en préservant l'essentiel, son droit à la parole.

L'écrivain qui par son œuvre transgresse une loi du discours sait que le destinataire va normalement recourir à un mécanisme interprétatif comparable à celui du sous-entendu pour concilier cette transgression avec le respect présumé des normes. Confronté par exemple à une œuvre qui débiterait continuellement des évidences (transgression de la loi d'informativité), il fera crédit à l'auteur (du moins si celui-ci est reconnu) et cherchera une interprétation compatible avec les lois du discours : par exemple que l'œuvre est ironique, qu'elle entend dénoncer les lieux communs, qu'elle montre aux hommes leur triste condition, etc.

En règle générale, l'auteur se fie à ce mécanisme interprétatif, mais dans certains cas il tente de le contrôler. En particulier lorsque la transgression est nouvelle et risque de provoquer un rejet. Les *Essais* de Montaigne illustrent bien ce cas de figure, puisqu'ils prennent pour « sujet » les singularités mêmes de leur auteur (« je suis moi-même la matière de mon livre »). Aussi Montaigne commence-t-il par se protéger en minimisant son ambition :

> C'est ici un livre de bonne foi, lecteur. Il t'avertit dès l'entrée, que je ne m'y suis proposé aucune fin, que domestique et privée. Je n'y ai nulle considération de ton service, ni de ma gloire. Mes forces ne sont pas capables d'un tel dessein. Je l'ai voué à la commodité particulière de mes parents et amis (...) Ainsi, lecteur, je suis moi-même la matière de mon livre : ce n'est pas raison que tu emploies ton loisir en un sujet si frivole et si vain. A Dieu donc ; de Montaigne, ce premier de Mars mille cinq cent quatre vingt.

> (« Au lecteur »)

On rangera sans nul doute ce type d'attitude dans les comportements de fausse modestie, mais, ce qui importe, c'est d'en voir les conditions énonciatives. En limitant le public à un cercle de familiers et en reconnaissant le caractère « vain » et « frivole » de son sujet, l'auteur se place en deçà de la transgression. Il est inutile de me critiquer, dit-il en substance, puisque c'est un texte qui ne mérite pas d'être pris en considération.

Mais, au fur et à mesure que les années passent, le texte engage une autre stratégie : au lieu de minimiser la transgression, il la souligne, indiquant au lecteur de quelle manière il convient d'opérer la conciliation avec la règle qui enjoint de ne pas parler constamment de soi :

> Les auteurs se communiquent au peuple par quelque marque particulière et étrangère ; moi, le premier, par mon être universel, comme Michel de Montaigne, non comme grammairien, ou poète, ou jurisconlte. Si le monde se plaint de quoi je parle trop de moi, je me plains de quoi il ne pense seulement pas à soi.

> (III, II, *Classiques Garnier*, II, p. 223)

C'est la revendication universelle d'un « soi » de tout sujet qui est donc censée annuler la transgression.

Être sincère

De fait, quand deux siècles plus tard Rousseau voudra justifier l'entreprise de ses *Confessions*, ce n'est pas le fait de parler de soi qu'il considère comme transgressif mais le fait d'être sincère. D'ailleurs, au livre X, il reproche à Montaigne de ne l'avoir pas été : « J'avais toujours ri de la fausse naïveté de Montaigne qui, faisant semblant d'avouer ses défauts, a grand soin de ne s'en donner que d'aimables ». La revendication de sincérité se donne diverses justifications, dont celles-ci :

> Voici le seul portrait d'homme, peint exactement d'après nature et dans toute sa vérité, qui existe et qui existera probablement jamais...

> (*Avertissement*)

A priori il peut sembler surprenant de revendiquer la sincérité, puique c'est un principe lié à toute énonciation que de prétendre être sincère. Mais ce n'est pas par hasard si, dans la *Lettre à d'Alembert*, Jean-Jacques s'est identifié à l'Alceste du *Misanthrope* : toute l'œuvre de Rousseau oppose la feinte sincérité de l'homme des sociétés corrompues à la sincérité véritable, celle de la « nature ». L'auteur doit instituer un contrat privé avec le lecteur : dire toute la vérité et rien que la vérité. S'il manquait à sa parole, nouveau Philinte il participerait de ces faux contrats de sincérité dont la société est tissée. Aussi en appelle-t-il à Dieu, garant de tout contrat et de toute vérité :

> Que la trompette du jugement dernier sonne quand elle voudra, je viendrai, ce livre à la main, me présenter devant le souverain juge. Je dirai hautement : « Voilà ce que j'ai fait, ce que j'ai pensé, ce que je fus. J'ai dit le bien et le mal avec la même franchise ».

> (Début du livre I)

En tant qu'auteur à succès dans une société qu'il désavoue, Rousseau se trouve pris dans une situation paradoxale dont il ne peut sortir que paradoxalement : il publie mais en provoquant le scandale. Cette transgression doit néanmoins s'annuler par l'opposition du droit et du fait : c'est le scandale lui-même qui est scandaleux, la sincérité choque parce que les hommes ne sont pas sincères, parce que le discours s'est éloigné de sa fonction, représenter la nature.

La digression

Les *Essais* ne « pèchent » pas seulement parce que Montaigne y parle de soi, mais aussi parce qu'ils ne se présentent pas comme une œuvre structurée, qu'ils semblent faire peu de cas des légitimes exigences du lecteur. Sur ce point aussi l'auteur avance une justification :

> J'ai passé les yeux sur tel dialogue de Platon mi parti d'une fantastique bigarrure, le devant à l'amour, tout le bas à la rhétorique. Ils ne craignent point ces muances et ont une merveilleuse grâce à se laisser ainsi rouler au vent, ou à le sembler. Les noms de mes chapitres n'en embrassent pas toujours la matière ; souvent ils la dénotent seulement par quelque marque, comme ces autres titres : *l'Andrie, l'Eunuque*, ou ces autres noms : *Sylla, Cicero, Torquatus*. J'aime l'allure poétique, à sauts et à gambades. C'est une art, comme dit Platon, légère, volage, démoniacle.
>
> (III, IX, Classiques Garnier, II, p. 438)

Ici, la préférence subjective (« j'aime l'allure poétique... ») se fait cautionner par des modèles esthétiques prestigieux ; l'*auteur* s'abrite derrière des *autorités*.

C'est que la *digression*, surtout quand elle est continuelle, contrevient gravement aux lois du discours. Di-gresser, dévier de son chemin, c'est tromper le lecteur, l'empêcher d'aller là où il s'attend à aller ; c'est préférer son plaisir égoïste d'auteur à la satisfaction d'autrui... Les *Essais* ne respectent même pas le pacte qui veut que les titres des chapitres en annoncent le contenu ; mais le titre de l'ouvrage donne toute licence à l'auteur, puisqu'il institue un contrat qui permet de suspendre la plupart des normes.

De manière générale, la digression ne saurait être évaluée sans prendre en compte les genres de textes. Ainsi le roman picaresque peut interrompre à tout moment le récit des aventures du héros principal, Gil Blas par exemple, pour placer comme des récits-gigognes les aventures de personnes rencontrées en chemin. Cette liberté tient à ce que le texte n'est pas réellement orienté vers une fin motivée, mais constitue plutôt une accumulation d'épisodes réversibles. Il en irait tout autrement dans un roman à suspense traditionnel si juste avant le dénouement le récit partait dans une autre direction.

Si Montaigne en définissant son texte comme des « essais » institue un contrat singulier qui lui accorde le droit de digresser, beaucoup d'œuvres jouent avec les attentes du lecteur pour l'amener à un nouveau contrat. Ainsi le narrateur de *Jacques le fataliste*, dans la lignée du *Tristram Shandy* de L. Sterne :

> LE MARQUIS DES ARCIS : Si vous n'avez rien qui vous occupe plus utilement ou plus agréablement, je vous raconterai l'histoire de mon secrétaire : elle n'est pas commune.
>
> LE MAÎTRE : Je l'écouterai volontiers.
>
> Je vous entends, lecteur ; vous me dites : « Et les amours de Jacques ?... » Croyez-vous que je n'en sois pas aussi curieux que vous ? Avez-vous oublié que Jacques aimait à parler, et surtout à parler de lui ; manie générale des gens de son état... »
>
> (Albin Michel, 1963, p. 202)

Sous prétexte de dénoncer l'incontinence verbale de Jacques, le narrateur interrompt son récit et entame une longue digression sur les défauts des gens du peuple et sur la philosophie de Jacques. Il accomplit donc la faute qu'il prétend dénoncer dans son énoncé même... Bien entendu, la transgression digressive se convertit en nouveau contrat ; c'est la digression même qui devient la loi d'un texte qui traite précisément du déterminisme.

Mais si des œuvres comme *les Essais* ou *Jacques le fataliste* peuvent faire de la transgression leur loi, c'est, paradoxalement, parce qu'elles vivent de la norme qu'elles prétendent annuler.

L'impossible métadiscours

Les multiples commentaires, grâce auxquels l'auteur situe son œuvre par rapport aux lois du discours, *font partie intégrante de cette œuvre*. Loin de constituer une interprétation définitive du texte, le processus d'autolégitimation n'en est qu'une des dimensions. Il n'existe pas de « méta-discours » de l'auteur qui surplomberait l'œuvre, le discours sur le dire s'inscrit dans ce dire. Considérons à ce propos la célèbre fable « le lièvre et la tortue » :

> Ainsi fut fait ; et de tous deux
> On mit près du but les enjeux.
> *Savoir quoi, ce n'est pas notre affaire,*
> *Ni de quel juge l'on convint.*
>
> (*Fables*, VI, 10)

L'énoncé du narrateur que nous avons souligné porte sur son propre récit, mais fait partie de la fable (à laquelle il est d'ailleurs intégré par le jeu des rimes). On le sait, l'art de la fable chez

La Fontaine se caractérise précisément, à la différence de celui d'Esope, par l'entrelacement de l'histoire et du processus de narration. Or c'est cette singularité qui se trouve discrètement thématisée par l'intervention du narrateur. En effet, Esope indique dans sa fable les enjeux et le juge de la course. Il y a donc ici un renvoi intertextuel qui a une valeur de légitimation énonciative oblique.

Que reproche le fabuliste à Esope ? de donner des détails qui transgressent le principe de pertinence. Or, pour faire ce reproche, il doit lui-même interrompre son récit ; quoi de moins pertinent que de préciser ce que le récit ne dit pas et que de glisser par là des remarques sur l'art de la fable ? En d'autres termes, l'auteur ne fait que substituer une transgression à une autre sous couleur de dénoncer la première :

— Esope donne des détails superflus *pour l'histoire* ;
— La Fontaine fait de même par sa glose puisqu'il interrompt l'histoire ;
— mais cette dernière transgression définit un nouveau contrat de fabuliste, celui qui inverse la hiérarchie entre histoire et processus de narration.

Ici, le récit des aventures du lièvre et de la tortue, la critique d'Esope et la mise en œuvre du nouveau type d'énonciation qu'implique cette critique s'accomplissent en même temps. De cette manière, l'auteur justifie dans son récit même le contrat qu'il entend instituer avec son lecteur.

Cette intrication extrême de niveaux (énoncé, commentaire sur l'énoncé, méta-commentaire) ne fait qu'illustrer un phénomène général, la réflexivité foncière du discours littéraire (cf. *infra* le chapitre 8 consacré aux « bouclages textuels »).

Le double sens

Pour légitimer ses transgressions des lois du discours, la littérature peut toujours invoquer une distinction entre sens manifeste et sens « véritable » de l'œuvre. L'ensemble du texte fonctionne alors comme un vaste acte de langage indirect qui exige du destinataire un travail de dérivation d'un sens caché. Il en va de ces justifications comme des autres du même type : elles font partie de l'œuvre, qui se définit par la relation entre son texte et la clé interprétative qu'il prétend imposer au lecteur.

En la matière le prologue de *Gargantua,* que nous avons déjà évoqué, constitue un cas exemplaire :

> Et, posé le cas qu'au sens littéral vous trouviez matières assez joyeuses et bien correspondantes au nom, toutefois pas demeurer là ne faut, comme au chant des sirènes ; ains à plus haut sens interpréter ce que par aventure cuidiez dit en gaieté de cœur. Crochetâtes-vous onques bouteilles ? Réduisez à mémoire la contenance que vous aviez. Mais vîtes-vous onques chien rencontrant quelque os médullaire ? C'est, comme dit Platon, lib. II *de Rep.* la bête du monde plus philosophe. Si vu l'avez, vous avez pu noter de quelle dévotion il le guette, de quel soin il le garde, de quel ferveur il le tient, de quelle prudence il l'entomme, de quelle affection il le brise, et de quelle diligence il le suce (...) A l'exemple d'icelui vous convient être sages, pour fleurer, sentir et estimer ces beaux livres de haute graisse, légers au pourchas et hardis à la rencontre. Puis par curieuse leçon et méditation fréquente, rompre l'os et sucer la substantifique moelle, c'est-à-dire ce que j'entends par ces symboles pythagoriques, avec espoir certain d'être faits escors et preux à la dite lecture...

Montaigne transgressait les lois du discours en parlant de soi et en procédant par « essais » ; Rabelais doit aussi justifier la singularité du contrat qu'entend instituer son œuvre. A travers les « matières joyeuses », c'est à la fois le thème traité et sa manière de le traiter qui apparaissent transgressifs pour une œuvre à prétention intellectuelle : l'auteur ne semble ni sérieux ni sincère ; son sujet (les aventures de géants) ne saurait intéresser les doctes ; quant au style drôlatique, il n'est pas pertinent pour traiter de matières graves.

L'allusion à des autorités antiques comme Platon ou Pythagore, aux pratiques traditionnelles de l'herméneutique religieuse (le « sens littéral ») inscrit l'auteur dans une filiation qui, comme toute généalogie, a valeur légitimante. La revendication d'un double sens a pour effet de définir le public qualifié ; par-là le livre indique de quel type de destinataire est attendue la reconnaissance. Le texte peut ainsi jouer sur les deux tableaux à la fois en réactivant le topos humaniste : instruire en divertissant, réconcilier les deux composants de l'homme, nature et esprit, corps et âme. Par-là l'œuvre se légitime comme œuvre totale qui renoue avec l'origine même de la philosophie, la personne de Socrate ; comme ce dernier, l'œuvre est comparée aux silènes, à ces petites boîtes à l'apparence grotesque mais au contenu salutaire.

Ne pas parler pour ne rien dire

En affirmant ainsi la duplicité de son discours Rabelais lui confère un surcroît de sens. Alors qu'au départ il encourait le risque d'être disqualifié pour vacuité sémantique, le voici doublement signifiant, avec un sens caché d'autant plus riche qu'il n'est pas circonscriptible. On retrouve ici l'exigence d'informativité. Les œuvres littéraires n'y satisfont pas de la même façon que la conversation, mais elles s'y soumettent, en fonction des genres qu'elles définissent ou qui les définissent. Ainsi le sens « littéral » du texte de Rabelais n'apparaît pauvre à son auteur que parce qu'il prend pour référence les textes philosophiques et non les œuvres purement récréatives. Mais en dédoublant sa signification le texte s'expose à transgresser la loi de clarté : s'il y a « plus haut sens », celui-ci est-il accessible à travers l'affabulation gargantuesque ? Comment évaluer l'intérêt d'un sens qui n'est pas donné ? Réclamer pour son propre texte une lecture herméneutique n'est donc pas sans danger car cela implique qu'on fasse crédit à l'auteur, qu'une autorité garantisse l'existence et l'intérêt du sens caché. Pour le lecteur moderne, ce rôle de garant est tenu par la Littérature, dont la Tradition garantit la plénitude sémantique du discours rabelaisien.

Toute œuvre doit souscrire à l'exigence d'informativité et les querelles entre écoles et courants portent sur les moyens d'y parvenir. Derrière la dispute entre Oronte et Alceste, se dessine une querelle esthétique. Le propos du texte de Molière semble relativement évident : il s'agit de définir le discours littéraire légitime (celui qui « représente la nature ») en se tenant entre les deux excès incarnés par Oronte et Alceste. Le premier, tenant de la préciosité ou tout au moins de la littérature galante, est condamné parce que ses expressions « ne sont point naturelles » :

> Ce style figuré dont on fait vanité,
> Sort du bon caractère et de la vérité ;
> Ce n'est que jeu de mots, qu'affectation pure,
> Et ce n'est point ainsi que parle la nature.

(I, 2)

C'est l'excès de « figures », l'indirection d'un langage qui se ferme sur soi (« jeu de mots ») au lieu de représenter la « nature ». Mais Alceste défend l'excès contraire en vantant les mérites d'une vieille chanson populaire qui « vaut bien mieux/Que ces colifichets dont le bons sens murmure ».

Le texte ne donne pas explicitement la doctrine de l'auteur en la matière, mais il la laisse entendre par son énonciation même : le discours littéraire légitime est celui que tient justement le texte qui donne la parole aux deux esthétiques opposées. *Le Misanthrope* se légitime lui-même à travers la destruction réciproque des deux esthétiques qu'il donne à voir. Entre une littérature de salon où le langage se replie sur soi et une littérature ouverte et peu élaborée, celle du petit peuple, de la rue, il définit la légitimité d'une littérature pour les « honnêtes gens » dont l'ornementation ne sort pas du cadre du « bon sens », de la « nature ».

Dans une telle esthétique, les lois du discours littéraire ne devraient pas trop s'écarter de celles de la conversation. C'est là un des fondements du clacissisme français, la soumission à un art du dire qui serait commun à la littérature et à la vie mondaine. L'exigence de ne pas être un « fâcheux » ou un « pédant » vaut pour les auteurs comme pour tous les honnêtes gens. Mais cette esthétique est datée ; le romantisme se chargera de séparer l'œuvre littéraire et la conversation, voire de les opposer. Ce qu'on appelle l'« hermétisme » de Mallarmé est l'aboutissement de cette tendance. L'échange verbal usuel, assimilé à un échange d'argent opéré en silence, sert de repoussoir à une littérature qui se donne pour tâche de « rémunérer de défaut des langues ».

Mais l'hermétisme entend respecter les lois du discours à un autre niveau : c'est parce que l'usage commun du langage est sémantiquement vide qu'il faut être « obscur », « précieux », « incompréhensible »…, pour reprendre les reproches adressés à Mallarmé.

Cette mise en cause des liens entre la littérature et l'ordinaire du discours implique un déplacement de la scène énonciative légitime. L'espace mondain ne suffit plus, c'est le registre du sacré qui doit intervenir :

> « Toute chose sacrée et qui veut demeurer sacrée s'enveloppe de mystère… Les premiers venus entrent de plain-pied dans un chef-d'œuvre, et, depuis qu'il y a des poètes, il n'a pas été inventé, pour l'écartement des importuns, une langue immaculée, des formules hiératiques dont l'étude aride aveugle le profane (…).

> (1862, article paru dans *l'Artiste)*

Rompre avec l'échange, c'est instituer un nouvel espace contractuel de circulation du discours littéraire. L'obscurité n'est telle que dans la société profane ; dans le lieu approprié ce qui est obscur, ce qui « aveugle le profane » ne transgresse aucune loi discursive.

On voit tout ce qui sépare la « préciosité » d'un Oronte (à vrai dire plus « galant » que véritablement « précieux ») de celle d'un Mallarmé. Le texte précieux ne sort pas de l'espace du salon ; ses allusions, ses énigmes, ses jeux de mots sont autant de signes de connivence pour un cercle d'habitués ; loin de s'écarter de la conversation mondaine, il la prolonge et la suscite. En revanche, la situation d'énonciation qu'implique le poème mallarméen se rapproche davantage de l'office religieux ; l'énigme prétend avoir valeur d'instrument de connaissance, nouer le langage et le monde. D'un côté des « habitués » qui hantent les mêmes salons, de l'autre des « initiés » à des mystères sacrés.

Si les multiples discours littéraires définissent eux-mêmes les conditions de leur propre légitimité, la « transgression » de la loi de clarté prendra donc autant de valeurs qu'il y a d'univers littéraires pour lui accorder un statut.

Ne pas se répéter

A côté du manque de clarté, une des formes de transgression les plus manifestes des lois du discours consiste à « radoter ». On a vu ce qu'il en était avec le valet Du Bois dans *le Misanthrope*. Mais il est des écrivains, et non des moindres, qui recourent systématiquement à la répétition. Ainsi Péguy, évoquant la manière dont la grâce de Dieu pénètre l'âme :

> On peut faire beaucoup de choses. On ne peut pas mouiller un tissu qui est fait pour n'être pas mouillé. On peut y mettre tout autant d'eau que l'on voudra, car il ne s'agit point ici de quantité, il s'agit de contact. Il ne s'agit pas d'en mettre. Il s'agit que ça prenne ou que ça ne prenne pas. Il s'agit que ça entre ou que ça n'entre pas en un certain contact. C'est ce phénomène si mystérieux que l'on nomme mouiller. Peu importe ici la quantité. On est sorti de la physique de l'hydrostatique. On est entré dans la physique de la mouillature, dans une physique moléculaire, globulaire, dans celle qui régit le ménisque et la formation du globule, de la goutte. Quand une surface est grasse l'eau n'y prend pas. Elle ne prend pas plus si on y met beaucoup que si on n'y en met pas beaucoup. Elle ne prend pas, absolument.

> (*Note conjointe sur M. Descartes et la philosophie cartésienne*, 1914)

Faire crédit à l'auteur, c'est reconnaître qu'il y a là style. Il existe dans ce texte une relation mimétique entre le sujet traité et la structure répétitive : cette grâce qui doit pénétrer l'âme par

« mouillature », c'est aussi le discours même de l'auteur qui s'efforce de persuader, de pénétrer peu à peu l'esprit, d'emporter la conviction. Dimension pédagogique d'une parole qui se présente comme parole de vérité et de vie. La distance entre Dieu et l'homme coïncide avec celle qui sépare l'énonciateur investi de la vérité et son public. La répétition pédagogique suppose la figure évangélique de l'âme simple qui a su conserver un cœur et un langage d'enfant, qui ne craint pas de se répéter pour parler à des adultes qui ont oublié la vérité de l'enfance. Processus d'auto-légitimation tacite par lequel le discours accomplit ce qu'il dit. S'il y a ici style et non procédé artificiel, c'est en raison de cette réversibilité entre l'énoncé et l'énonciation, à la mesure l'un de l'autre. Comme chez Rabelais, il y a un refus du discours savant canonique ; mais, alors que le premier met en contraste sens littéral et sens philosophique, Péguy traite de sujets explicitement philosophiques dans un registre familier.

On le voit, la répétition, comme l'obscurité, peut faire l'objet d'autant de types de légitimations qu'il se définit d'univers stylistiques distincts. Chez Céline, par exemple, la répétition se fait radotage, rabâchage, dans un monde soumis à une sorte d'explosion permanente.

La caution de la Littérature

Les genres, on l'a vu, jouent un rôle important dans la réduction des transgressions, puisqu'ils définissent des zones de régularités discursives spécifiques, des contrats de lecture restreints. On ne songe pas, par exemple, à critiquer les sempiternelles descriptions des romans naturalistes en invoquant la lassitude qu'elles provoquent ; il est admis que ce type de roman s'articule autour de telles descriptions. Mais ces conventions reconnues ne mettent pas totalement l'auteur à l'abri de tous les reproches. En principe, chez un véritable écrivain, les conventions génériques sont en quelque sorte transcendées par une option stylistique originale qui les légitime (cf. l'exemple des tragédies de Racine). Chez un « mauvais » écrivain, en revanche, la convention tomberait au rang de procédé. Mais sur quelle base se décide l'appartenance d'un écrivain à l'un ou l'autre groupe ? Sur ce point, l'institution littéraire, la tradition, jouent un rôle déterminant.

Pour l'esthétique romantique, l'œuvre littéraire est par définition sans défaut, car la notion même de défaut y est dépourvue de pertinence : l'œuvre construit un monde absolu, définit ses propres normes et ne saurait donc être mesurée à aucun critère extérieur. Mais une telle esthétique ne rend pas compte de la dimension foncièrement interactive du discours littéraire. Ce n'est pas parce que cette interaction prend un tour spécifique qu'elle ne préside plus à l'énonciation. L'œuvre est hantée par les normes, celles de l'institution littéraire, des genres, des divers types d'échanges ordinaires, et elle définit ses contrats en fonction d'elles. Produire une œuvre hermétique, ce n'est pas seulement exprimer une vision du monde personnelle, c'est aussi construire une scène de légitimation qui situe son auteur et son destinataire par rapport à ces normes.

Poser l'œuvre comme un absolu, c'est interdire qu'elle puisse comporter des défauts, c'est-à-dire que tout ce qui transgresse une loi, générique ou non, apparaît comme l'expression d'une singularité absolue. Pourtant, devant un phénomène stylistique qu'il juge de prime abord négatif, c'est en s'appuyant sur la caution fournie par l'institution littéraire que le plus souvent le lecteur fera crédit au texte, présumera qu'il respecte les lois du discours à un autre niveau, et exécutera en conséquence le travail interprétatif requis. L'opacité des proses mallarméennes, le didactisme de certains romans balzaciens, la longueur de certaines tirades cornéliennes seront absous dans la mesure où la Tradition est là pour garantir qu'il ne s'agit pas de « défauts », mais d'un contrat de lecture légitime, sémantiquement pertinent, dont l'acceptation sera profitable au lecteur. Confronté aux minutieuses descriptions des *Gommes* ou de *la Jalousie* de Robbe-Grillet, le lecteur des années 1960 surmontera ses éventuelles tendances à disqualifier le texte (parce que répétitif, parce que sans véritable histoire, etc.) si l'existence reconnue d'une école, le « Nouveau Roman », l'assure que ce ne sont pas là des défauts mais l'effet d'une poétique consistante.

Mais il suffit que l'auteur n'appartienne plus aux valeurs sûres du panthéon littéraire pour que s'amoindrisse le « crédit » dont il est susceptible de bénéficier. L'histoire littéraire est un perpétuel travail de légitimation de textes auparavant jugés défectueux, ou, inversement, de délégitimation de textes jusque-là consacrés. Le cas d'un auteur comme Léon Bloy, qui se trouve sur la limite entre auteurs reconnus et non reconnus, est significatif.

> Certains trouveront à ce livre bien des défauts.
> Peut-être. Ce qu'il y a d'assuré, c'est ce qui
> compte dans *le Désespéré* : sa déchirure.

écrit H. Juin dans une préface au *Désespéré*[1]. Le critique concède qu'il puisse y avoir transgression littérairement stérile (« défaut ») et cherche une légitimation en quelque sorte en amont de l'art (« la déchirure »). Mais, en la matière, les normes peuvent changer ; il suffirait par exemple qu'apparaissent de nouvelles catégorisations. Dans les années 1960, on a ainsi vu la notion de « baroque » ouvrir la possibilité d'intégrer des œuvres jugées auparavant mal structurées.

Ce qui est en cause, ici, c'est la *lisibilité* des textes. Dire qu'un texte est « illisible » signifie qu'on perçoit un certain nombre de transgressions et que l'on ne dispose d'aucun moyen de les annuler. La Tradition et toute la rumeur critique qui l'entoure jouent un rôle médiateur en fournissant précisément ces moyens. Mais l'« illisibité » affectée à certaines œuvres offre aussi aux écrivains la possibilité de se conférer une nouvelle légitimité en instituant des filiations inédites, en réhabilitant par leurs œuvres des textes antérieurement disqualifiés : ainsi firent les surréalistes pour *les Chants de Maldoror*. L'instabilité fondamentale du discours littéraire exige ce travail de légitimation. Le lecteur se voit ainsi garantir que l'œuvre, comme tout énoncé, possède un sens susceptible de le concerner.

De toute manière, il y a contradiction entre le repérage de transgressions (redites, obscurités, digressions...) et la tendance des analystes à tout légitimer dans une œuvre. Dès que l'œuvre se pose, elle pose aussi son droit à dire comme elle dit, à instituer son contrat comme légitime. L'analyste abonde dans ce sens, dans la mesure où c'est la pente naturelle de tout effort de connaissance que d'introduire un principe d'unicité là où les apparences semblent hétérogènes. En éliminant les transgressions l'analyste montre son ingéniosité, un peu comme ces philosophes qui écrivaient des théodicées pour intégrer le mal dans quelque économie supérieure de la Création.

---

1. Collection 10/18, 1983, p. 15.

TRAVAUX

• *Dans les deux textes qui suivent, les auteurs s'efforcent de légitimer leur énonciation. Vous étudierez ces textes de manière comparative en les rapportant à leurs contextes historiques et aux œuvres qu'ils sont censés introduire.*

Je ferai sur moi-même à quelque égard les opérations que font les physiciens sur l'air pour en connaître l'état journalier. J'appliquerai le baromètre à mon âme, et ces opérations bien dirigées et longtemps répétées me pourraient fournir des résultats aussi sûrs que les leurs. Mais je n'étends pas jusque-là mon entreprise. Je me contenterai de tenir le registre des opérations sans chercher à les réduire en système. Je fais la même entreprise que Montaigne, mais avec un but tout contraire au sien : car il n'écrivait ses *Essais* que pour les autres, et je n'écris mes rêveries que pour moi. Si dans mes plus vieux jours aux approches du départ je reste, comme je l'espère, dans la même disposition où je suis, leur lecture me rappellera la douceur que je goûte à les écrire, en faisant renaître ainsi pour moi le temps passé, doublera pour ainsi dire mon existence.

(J.-J. Rousseau, *Rêveries du promeneur solitaire*,
« Première promenade »)

Mon Dieu, l'étrange embarras qu'un livre à mettre au jour, et qu'un auteur est neuf la première fois qu'on l'imprime ! Encore si l'on m'avait donné du temps, j'aurais pu mieux songer à moi, et j'aurais pris toutes les précautions que messieurs les auteurs, à présent mes confrères, ont coutume de prendre en semblables occasions. Outre quelque grand seigneur, que j'aurais été prendre, malgré lui, pour protecteur de mon ouvrage, et dont j'aurais tenté la libéralité par une épître dédicatoire bien fleurie, j'aurais tâché de faire une belle et docte préface, et je ne manque point de livres qui m'auraient fourni tout ce qu'on peut dire de savant sur la tragédie et la comédie, l'étymologie de toutes deux, leur origine, leur définition et le reste. J'aurais parlé aussi à mes amis, qui, pour la recommandation de ma pièce, ne m'auraient pas refusé ou des vers français ou des vers latins. J'en ai même qui m'auraient loué en grec, et l'on n'ignore pas qu'une louange en grec est d'une merveilleuse efficace à la tête d'un livre.

(Préface des *Précieuses ridicules*)

• *Dans* Rigodon (1969), *Céline raconte son errance à travers la débâcle allemande de 1945. Il interrompt souvent son récit pour s'adresser au lecteur. Ainsi, en ce début de chapitre :*

> Vous pensez bien, je n'ai pas le désir du tout de vous apitoyer... déjà quatre livres consacrés à mes malheurs !... je pourrais un peu penser à vous... vous n'avez pas souffert, des fois ?... bien autrement !... mille fois pire !... plus délicatement, voilà vous n'en laissez rien apparaître, pas un soupir !... mes grossiers avatars, assez !
>
> Là où j'étais sur cette plate-forme, où ils m'avaient en somme, hissé... sur une estrade, ainsi dire, en plein air, j'aurais pu gueuler tant et plus, personne aurait entendu... à cause du bruit des essieux, et du tintamarre des camelotes là entassées, dynamos, projecteurs, madriers, truelles... je regrette d'avoir à me répéter... ça va bien faire la dixième fois que nous partons pour je ne sais où à travers l'Allemagne... à travers plaines, c'est-à-dire genre de steppes, ou sous des tunnels, fours à suie... et l'aller et retour à la mer ? j'oubliais ! vous allez me trouver fastidieux, ennuyeux, ce déluge !... je pourrais inventer, transposer... ce qu'ils ont fait, tous... cela passait en vieux français... Joinville, Villehardouin l'avaient belle, ils se sont pas fait faute, mais notre français là, rabougri, si strict mièvre, académisé presque à mort, je me ferais traiter d'encore plus abject, étron des Pléiades, et on ne me vendrait plus du tout... je veux, je peux m'en foutre. C'est la fin...

(Gallimard, « folio », p. 194-195)

Vous étudierez ce fragment à la lumière des lois du discours et le relierez à la singularité de l'énonciation célinienne. Vous pourrez comparer ces propos adressés au lecteur à ceux de Jacques le fataliste.

• *Dans le chapitre que L. Michard et A. Lagarde ont consacré au* XVIIe *siècle dans la collection* Les grands auteurs français du programme *(Bordas, 1963), on trouve ces lignes sur les* Caractères *de La Bruyère :*

> Très doué pour l'observation minutieuse et le travail du style, La Bruyère *manque d'esprit de synthèse.* Son livre nous offre une série d'*aspects de l'homme de la société,* non pas une thèse d'ensemble. De même, si les chapitres se groupent en général selon certaines affinités aisément discernables, leur ordre ne correspond pas à un plan d'ensemble. Quant à la succession souvent capricieuse des paragraphes à l'intérieur des chapitres, elle relève avant tout du souci de piquer la curiosité et d'éviter toute monotonie.

(p. 396)

Vous considèrerez aussi ces lignes de R. Barthes sur les Caractères :

> C'est là une parole très particulière, qui a peu d'équivalents dans notre littérature, très imbue de l'excellence des genres tranchés, parole éclatante (la maxime) ou parole continue (le roman) ; on peut cependant lui trouver une référence prosaïque et une référence sublime. La référence prosaïque du *fragment* ce serait ce qu'on appelle aujourd'hui le *scraps-book* de la mondanité : c'est une gazette intemporelle, brisée, dont les morceaux sont comme les significations discontinues du réel continu. La référence sublime, ce serait ce que nous appelons aujourd'hui la parole poétique : (...) il a fallu attendre la subversion profonde apportée au langage par le surréalisme pour obtenir une parole fragmentaire et tirant son sens poétique de sa fragmentation même.
>
> (*Essais critiques*, Seuil, 1964, p. 234)

En comparant ces deux textes, vous tenterez d'expliciter leurs présupposés esthétiques et réfléchirez sur les problèmes que pose l'évaluation des œuvres consacrées.

7. Duplicité du dialogue théâtral

Nous avons puisé nombre de nos exemples dans le répertoire théâtral. D'un point de vue pragmatique, ce dernier présente toutefois une spécificité qu'il est impossible de négliger. La parole s'y profère dans un décor, elle s'associe à des mimiques, des jeux de scène. Mais son trait le plus saillant, c'est bien sa **duplicité**, qui la fait participer de deux situations d'énonciation à la fois :

— dans la première, un auteur s'adresse à un public à travers la **représentation** d'une pièce ; c'est donc la représentation qui constitue l'acte d'énonciation ;

— dans la seconde, la situation *représentée*, des personnages échangent des propos dans un cadre énonciatif qui est censé autonome par rapport à la représentation.

Ces deux situations d'énonciation sont très différentes. Comme toute communication littéraire, la relation entre auteur et public est radicalement dissymétrique, tandis que les personnages peuvent occuper à tour de rôle les positions d'énonciation et de coénonciation. Ces deux situations sont en outre étroitement intriquées. Lorsque sur scène un personnage est caché dans un placard à l'insu des interlocuteurs, les échanges de ces derniers sont indépendants de cet auditeur invisible ; en revanche, le public a beau être invisible (du moins dans le théâtre traditionnel) c'est en fonction de lui que s'organisent les dialogues sur scène.

L'archiénonciateur

Dans ce singulier dispositif, le statut de la première situation d'énonciation est quelque peu déroutant. Dans un roman, qu'elle soit envahissante ou discrète, la présence de l'auteur soutient le processus narratif. Au théâtre, on a affaire à des interlocuteurs apparemment autonomes, mais dont l'ensemble des énoncés, la pièce, est rapporté à une source énonciative invisible, qu'avec M. Issacharoff on pourrait appeler l'**archiénonciateur**.

Entre cet archiénonciateur et le public, la communication est donc foncièrement indirecte. Même lorsque l'auteur semble se donner un porte-parole parmi les personnages de sa pièce (ainsi dans les comédies de Molière ces hommes « de bon sens », tels Ariste dans *les Femmes savantes*), les critiques ont constamment douté de sa coïncidence réelle avec le point de vue de l'auteur. Il est indéniable que ce type de personnages énonce la norme ; il est même fort possible que l'auteur en tant qu'individu historique ait partagé leur opinion, mais la seule énonciation que l'on puisse valablement attribuer à l'auteur c'est l'interaction des actes de langage des personnages, une irréductible polyphonie. L'archiénonciateur est une instance distincte de l'écrivain, il prend en charge un réseau conflictuel de positions énonciatives. En d'autres termes, son « point de vue » ne saurait être ni celui d'Ariste ni celui d'Armande et Bélise, mais leur mise en relation. On reconnaît d'ailleurs les œuvres réussies à ceci que les échanges sur scène n'y sont pas un effet de surface au service d'une opinion préétablie qu'il s'agit de faire triompher. En revanche, dans les pièces « à thèse » (cf. certaines pièces d'Alexandre Dumas fils), l'écrivain utilise la scène pour faire passer un message qui, en fait, ne doit rien au jeu théâtral.

Cette communication indirecte est possible parce que les acteurs ne sont pas les véritables garants de leurs répliques. Pour reprendre les concepts d'O. Ducrot (cf. nos *Eléments*, chap. 4), on pourrait dire qu'ils en sont les « sujets parlants », mais pas les « locuteurs ». Cette distinction fait néanmoins problème, car elle n'a pas été forgée pour le discours littéraire et reste en deçà de la complexité de ce dernier. Lorsqu'Alceste dit à Philinte qui vient de lui dire « quoique votre ami... » (I, 1), par « Moi, votre ami ? » il est le « sujet parlant » de « votre ami », mais non son « locuteur » ; il refuse de prendre l'expression à son compte et cite seulement un mot de son interlocuteur. C'est l'usage ordinaire du langage. En revanche, l'ensemble des actes de langage proférés par Alceste, son rôle, posent un problème délicat : sont-ce de véritables actes de langage ou des actes feints ? Quand il critique Oronte, est-ce une véritable critique dès lors que tout se passe sur scène et que l'acteur « n'est pas » Alceste ? Nous retrouvons le paradoxe évoqué au chapitre 1 à propos de la fiction. Il est constitutif du jeu théâtral, car il faut admettre à la fois que les actes d'énonciation y sont accomplis effectivement et qu'ils ne sont qu'un vain bruit.

La double lecture

Cette singularité de l'énonciation théâtrale est également liée au fait qu'elle déjoue une conception rassurante de la citation. D'un côté les énonciations sur scène se présentent comme proférées spontanément par les personnages, de l'autre elles ne sont que l'actualisation d'énoncés écrits antérieurement. Le spectateur est ainsi pris dans une étrange situation d'énonciation qui lui fait recevoir des énoncés en palimpseste : les paroles dites sur scène ne surgissent que décalées d'elles-mêmes, doublées par l'écrit qu'elles laissent transparaître. Il entend Figaro, mais aussi un texte de Beaumarchais. De cela les concepts traditionnels de la citation ne peuvent prendre la complète mesure.

Cette instabilité énonciative nous renvoie à une autre difficulté : la possibilité d'une double lecture de l'œuvre théâtrale. A côté des représentations, traditionnelles ou filmées, il y a place pour un accès au texte même. Alors que les partitions musicales sont réservées à une étroite minorité, les textes des pièces sont aisément accessibles. Le lecteur est ainsi confronté à un *texte* et non à du *discours*, au texte d'un discours virtuel qu'il actualisera lui-même. Cela a des conséquences considérables : tandis que le spectateur reçoit les énoncés dans leur irréversible succession, le lecteur peut traiter le texte comme un *espace* parcourable en tous sens (sauter des scènes, revenir en arrière, faire des comparaisons entre passages...).

Il faut donc reconnaître la possibilité d'une double appréhension de la pièce. La lecture n'est pas une représentation incomplète, un pis-aller. A partir du XIXᵉ siècle, d'ailleurs, de nombreuses pièces, et non des moindres, ont été délibérément écrites pour la lecture. *Lorenzaccio*, d'Alfred de Musset (1834), avec ses 39 tableaux ne fut pas d'emblée conçu pour être joué. Le même Musset publiera même certaines de ses pièces en 1833 et 1834 sous le titre significatif d'*Un spectacle dans un fauteuil*.

La lecture s'appuie sur un élément du texte auquel n'a pas accès le spectateur : les **didascalies**, c'est-à-dire toutes les informations que donne l'auteur pour la mise en scène, ou plus généralement l'actualisation de son texte. Car le destinataire peut en être les professionnels du théâtre comme les lecteurs. Ces didascalies, à la différence des répliques des personnages, sont des énoncés directement rapportables à l'auteur et relèvent du métadiscours. La densité des didascalies varie considérablement d'une époque à l'autre, d'un genre à l'autre et d'un auteur à l'autre. Loin d'être un élément accessoire de l'œuvre, elles en sont une dimension essentielle. Elles sont réduites au minimum dans le théâtre classique, mais foisonnent, comme on peut s'y attendre, dans le théâtre naturaliste, qui vise à offrir une représentation exacte des milieux sociaux des personnages. Si le théâtre classique est si pauvre en didascalies, c'est qu'elles ne sont pas jugées indispensables ; d'une part, les conventions du genre sont bien connues, précises et rigoureusement respectées, d'autre part, la parole y joue un rôle dominant. En revanche, certaines œuvres modernes surabondent en didascalies parce que la parole s'y fait rare, supplantée par les relations aux objets et les pantomimes (cf. *Acte sans paroles* de Beckett).

On peut distinguer divers types de didascalies :

— les titres, les indications de genre (comédie, farce...) et les découpages (acte, tableau, scène...) ;

— la liste des personnages, leur mention en tête de chaque réplique ;

— les indications de lieu, de décor... ; plus généralement la mise en place des circonstances de l'énonciation ;

— des précisions sur la manière dont parlent les personnages : « avec feu », « d'un ton prudent », « ironique », « en détachant ses mots », etc. ;

— des indications sur les vêtements, les gestes, les déplacements des personnages, les entrées et sorties,... ;

— éventuellement des indications techniques données à la régie (sur l'éclairage en particulier) ou des conseils de portée générale pour le metteur en scène (ainsi Genet pour *les Bonnes* : « les actrices ne doivent pas monter sur la scène avec leur érotisme naturel, imiter des dames de cinéma. L'érotisme individuel, au théâtre, ravale la représentation[1] ».

Cette remarque de Jean Genet nous amène à la figure du metteur en scène, que nous avons jusqu'ici laissée de côté. En fait, le texte ne s'actualise en représentation que par la médiation de ce tiers. L'archiénonciateur n'entre en contact avec son public qu'à travers une interprétation dont la responsabilité est attribuée au metteur en scène, qui assure la médiation entre le texte et la diversité des contextes de réception. Le texte est par essence une pièce virtuelle, susceptible d'un nombre illimité d'interprétations. Si bien

---

1. *les Bonnes*, Paris, l'Arbalète, 1963, p. 9.

que la réponse à la question « *qui* parle ? » en est compliquée d'autant. Le spectateur dans un même énoncé perçoit donc trois actes d'énonciation à la fois, correspondant à trois situations d'énonciation fondues et distinctes : celui de l'auteur à un public virtuel, celui du metteur en scène à un public spécifié, celui du personnage à un autre personnage. A cela on peut ajouter les acteurs eux-mêmes qui introduisent une instabilité supplémentaire dans le dispositif : ce n'est parfois ni Racine ni le metteur en scène ni Bérénice que l'on veut entendre, mais la Champmeslé dans une pièce de Racine.

Le double destinataire

Cette structure énonciative très particulière du théâtre a un effet déstabilisateur sur les énonciations proférées sur scène, qui, on l'a vu, sont adressées à deux destinataires distincts : l'interlocuteur sur scène et le public. Le même discours fonctionne simultanément sur deux plans, il doit agir sur l'interlocuteur immédiat et sur le destinataire indirect (l'émouvoir, le faire rire..., tout ce que l'on subsume sous la catégorie « plaire au public »). Il en résulte que toute étude des dialogues théâtraux est constamment tenue de lire les énoncés sur leurs deux versants : en tant que conversation entre deux personnages, en tant qu'énoncé d'un auteur adressé au public.

Il y a là une difficulté constitutive pour l'énonciation théâtrale ; elle ne peut ni ignorer complètement le spectateur ni abolir totalement la distance qui l'en sépare, et se trouve donc contrainte à des compromis très variés. La technique du *double sens* en est un bon exemple. Dans *le Jeu de l'amour et du hasard*, Silvia répond au grossier Arlequin qui lui demande comment elle le trouve : « Je vous trouve... plaisant » (I, 9). Le destinataire immédiat ne perçoit que l'acception « séduisant ». En revanche, en position de supériorité à l'égard du valet déguisé, le spectateur mis en éveil par la pause avant « plaisant » perçoit le double sens et retient l'acception « divertissant ». Un procédé de ce type laisse une autonomie apparente aux personnages tout en établissant une connivence avec le spectateur.

En principe, les lois du discours concernent les seuls personnages. Mais elles doivent aussi, d'une certaine façon, être respectées à l'égard du spectateur. Nous en avons vu une illustration avec les scènes d'exposition où l'on informe le public en feignant d'informer un personnage. De même, les personnages ne sont pas censés s'exprimer, par exemple, de manière trop obscure (sauf si c'est pour produire un certain effet), de façon à ce que le spectateur ne soit pas exclu du jeu. L'existence d'un double destinataire explique que le théâtre dispose de formes d'énonciation propres (monologue, aparté) et systématise des procédés comme le quiproquo ou la répétition qui ne prennent tant d'ampleur qu'en raison de la présence d'un public. Au-delà, c'est toute la texture des énoncés qui est touchées ; il y a un abîme entre les dialogues spontanés et les dialogues de théâtre, qui sont débarrassés des multiples télescopages, redites, chevilles, ellipses... de la conversation quotidienne.

Cela ne veut pas dire que l'on parle nécessairement *mieux* au théâtre (beaucoup de personnages ont une élocution chaotique), mais les « ratés » y sont au service d'une élaboration esthétique. A la scène III, 15 du *Mariage de Figaro*, le juge Bridoison bégaie. Ce handicap altère considérablement la communication mais son statut est bien différent de celui qu'il aurait à la ville :

— il s'agit d'un défaut unique, systématiquement exploité, isolé des multiples facteurs qui interfèrent dans les énoncés oraux spontanés ;
— ce défaut possède une fonction satirique dès lors qu'il est attribué à un juge. Il permet en particulier de créer un contraste entre la vivacité des réparties de Figaro, et plus généralement de la comédie de Beaumarchais, et l'inefficience, l'inertie de la parole dans un univers juridique et politique sclérosé.

Mais l'auteur est un dramaturge ; il ne peut sacrifier l'effet sur le spectateur au profit de la satire. Comme la répétition de ce bégaiement tout au long du procès lasserait le public, le juge a été flanqué d'un greffier, double-main, dont l'élocution parfaite assure l'essentiel de la tâche conversationnelle. « Double-main », au nom prédestiné, permet de concilier les exigences contradictoires que suscite l'existence d'un double destinataire.

Déchiffrement de l'implicite

Pour la dérivation des implicites, on pourrait penser que la situation du théâtre n'est pas différente de celle du dialogue dans une narration ; dans un roman aussi il semble qu'on ait affaire à deux destinataires : l'interlocuteur immédiat et le lecteur. Dans les deux types d'œuvres, les protagonistes de l'action représentée peuvent se montrer moins perspicaces que le lecteur ou le spectateur qui bénéficient d'indices probants ou, tout simplement, ont le recul nécessaire pour déchiffrer efficacement les stratégies d'implicitation. Le public dispose ainsi d'une supériorité structurelle sur les personnages. Mais, sur ce point, du récit au théâtre les conditions sont distinctes.

Revenons aux propos de la princesse des Laumes sur la petite Mme de Cambremer. Quand le narrateur écrit : « répondit *étourdiment* la princesse et elle ajouta *vivement* » les deux adverbes de manière rapportés à l'agent sont deux indices qui permettent au lecteur de déchiffrer d'abord ce que la princesse « laisse entendre », ensuite ce qu'elle « donne à entendre ». En effet, « étourdiment » suppose une bévue, tandis qu'« ajouta vivement » indique que le locuteur cherche en toute hâte à réparer sa faute. Certes, le narrateur n'explicite pas les sous-entendus, mais il met le lecteur sur leur piste. En l'absence de ces indices la réussite du travail interprétatif serait très incertaine et le lien entre les deux énoncés risquerait de passer inaperçu. Mais ces indices ne sont exploitables que si le lecteur a en tête les renseignements donnés dans les pages précédentes sur la position mondaine de la princesse.

La Recherche du temps perdu aide souvent son lecteur à déchiffrer les implicites, mais dans bien des cas c'est à lui de faire des hypothèses. Il en résulte que les propos des personnages sont susceptibles de plusieurs lectures, plus ou moins fines, plus ou moins compatibles. Le narrateur thématise en quelque sorte cette instabilité en montrant à mainte reprise qu'il n'a compris le sens d'un énoncé que longtemps après, quand il a acquis l'expérience nécessaire.

Saisir les personnages en train de « rattraper » les sous-entendus indésirables est une constante source de plaisir pour le public qui, à la fois, jouit de sa propre subtilité et de la réduction des interlocuteurs au rang de marionnettes. Un écrivain comme Marivaux affectionne particulièrement cette structure, qu'il met en quelque sorte en scène lorsqu'il montre des personnages manipulés par d'autres, en position de voyeurs. Ainsi dans *le Jeu de l'amour et du hasard* :

> SILVIA : Tiens, Bourguignon, une bonne fois pour toutes, demeure, va-t-en, tout cela doit m'être indifférent, et me l'est en effet, je ne te veux ni bien ni mal, je ne te hais ni ne t'aime, ni ne t'aimerai, à moins que l'esprit ne me tourne. Voilà mes

dispositions, ma raison ne m'en permet point d'autres, et je devrais me dispenser de te le dire.

DORANTE : Mon malheur est inconcevable. Tu m'ôtes peut-être tout le repos de ma vie.

(II, 9)

Dans la réplique de Silvia, on est en droit de penser que l'enchaînement entre « tout cela doit m'être indifférent » et « et me l'est en effet » (où « en effet » veut dire « en réalité ») s'explique par un calcul de sous-entendus comparable à celui de la princesse des Laumes. En disant « tout cela *doit* m'être indifférent », la jeune fille se rend compte que son énoncé laisse entendre qu'*en fait* cela ne lui est pas indifférent. Il s'agit d'un énoncé de compromis entre les deux injonctions contradictoires auxquelles elle est soumise : mettre un terme à son amour/le laisser se développer. En disant « m'est indifférent » elle satisfait l'une, en ajoutant « doit » elle satisfait l'autre. Pour annuler le décodage du sous-entendu indésirable, elle précise « et me l'est en effet ». Mais en procédant à cette correction elle libère le même sous-entendu, mais aggravé. Pour donner à entendre qu'elle n'est pas amoureuse... elle le laisse entendre par son énonciation. L'autocorrection joue le rôle d'indice pour l'auditeur qui n'aurait pas perçu l'incidence du « doit » de l'énoncé précédent.

Mais Dorante a-t-il perçu ces sous-entendus ? Pour le savoir le spectateur est obligé de considérer son comportement à ce stade de la conversation. Comme il continue à se plaindre de la cruauté de Silvia, cela semble laisser entendre qu'il n'a rien perçu. A moins qu'il ne feigne de ne rien comprendre. Le déroulement ultérieur de l'échange orientera plutôt l'interprétation dans le sens de sa sincérité. Le spectateur a donc le plaisir de voir les deux protagonistes empêtrés dans une situation qu'ils ne maîtrisent pas. Ce que cherche à capter le théâtre de Marivaux, c'est précisément ces moments de trouble dans lesquels la parole échappe aux amoureux.

A la différence donc de ce qui se passe pour les dialogues insérés dans les récits, le public de théâtre ne dispose pas *a priori* d'appuis univoques pour déchiffrer les implicites. En général, il n'y a pas d'adverbes de manière ou de commentaires du narrateur pour l'orienter dans la bonne direction (ce qui ne signifie pas que les commentaires du narrateur donnent nécessairement l'interprétation pertinente). Néanmoins, le spectateur n'est pas démuni en la matière. Non seulement il a une certaine connaissance des conventions du genre dont relève la pièce et du contexte créé par cette dernière, mais encore il reçoit les dialogues déjà travaillés par une intonation et des jeux de scène susceptibles d'éclairer les implicites.

Mais cet avantage a aussi son revers : le jeu de l'acteur est lui-même une certaine *interprétation* (l'ambiguïté de ce terme est lourde de sens) du texte, elle-même liée à l'interprétation qu'a fait de la pièce le metteur en scène. On est alors amené à faire une distinction entre le spectateur « naïf » qui découvre l'œuvre à travers cette interprétation et le spectateur distancié qui, connaissant le texte et/ou d'autres interprétations, est à même de comparer et de restituer au texte sa relative indétermination.

Les vices de la tirade

Dès lors que tout énoncé est censé produire un effet sur deux destinataires radicalement distincts, c'est l'ensemble du langage dramatique qu'il faudrait prendre en compte. Nous allons seulement insister sur un problème localisé mais extrêmement révélateur, celui de la **tirade**. Par « tirade » on entend, le plus souvent en mauvaise part, des énoncés longs qui semblent s'adresser au public par-dessus la tête des personnages, mettant en péril la supposée autonomie des dialogues représentés. *Littré* cite cette définition d'un journal de 1825 : « une conversation entre l'auteur et le public, à laquelle les personnages ne servent que de prétexte ». En fait, cette notion de tirade est ambiguë, car elle réfère à la fois à des énoncés mal venus qui n'intéressent ni le public ni les personnages et à des énoncés qui négligent les interlocuteurs sur scène au profit d'un public tout disposé à applaudir les morceaux de bravoure.

Voici une bonne illustration du premier cas dans la dernière scène d'*Il ne faut jurer de rien* de Musset (III, 4) :

> CÉCILE : Que le ciel est grand ! Que ce monde est heureux ! Que la nature est calme et bienfaisante !
>
> VALENTIN : Veux-tu aussi que je te fasse de la science et que je te parle d'astronomie ? Dis-moi, dans cette poussière de mondes, y en a-t-il un qui ne sache sa route, qui n'ait reçu sa mission avec la vie, et qui ne doive mourir en l'accomplissant ? Pourquoi le ciel immense n'est-il pas immobile ? Dis-moi, s'il y a jamais eu un moment où tout fut créé, en vertu de quelle force ont-ils commencé à se mouvoir, ces mondes qui ne s'arrêteront jamais ?
>
> CÉCILE : Par l'éternelle pensée.

VALENTIN : Par l'éternel amour. La main qui les suspend
dans l'espace n'a écrit qu'un mot en lettres de feu. Ils vivent
parce qu'ils se cherchent, et les soleils tomberaient en pous-
sière si l'un d'entre eux cessait d'aimer.

CÉCILE : Ah ! toute vie est là !

VALENTIN : Oui, toute la vie. Depuis l'Océan qui se soulève
sous les pâles baisers de Diane jusqu'au scarabée qui s'endort
jaloux dans sa fleur chérie. Demande aux forêts et aux pier-
res ce qu'elles diraient si elles pouvaient parler. Elles ont
l'amour dans le cœur et ne peuvent l'exprimer. Je t'aime !
Voilà ce que je sais, ma chère ; voilà ce que cette fleur te dira,
elle qui choisit dans le sein de la terre les sucs qui doivent la
nourrir : elle qui écarte et repousse les éléments impurs qui
pourraient ternir sa fraîcheur ! Elle sait qu'il faut qu'elle soit
belle au jour, et qu'elle meure dans sa robe de noce devant
le soleil qui l'a créée. J'en sais moins qu'elle en astronomie :
donne-moi ta main, tu en sais plus en amour.

La pièce avait d'abord paru dans la *Revue des deux mondes*
en 1836. Quand Musset dut la retoucher pour la faire jouer, il
supprima ce passage. On comprend aisément pourquoi : c'est une
tirade. L'énonciateur, en l'occurrence Valentin, semble oublier la
conversation dans laquelle il est engagé pour que l'auteur puisse
faire part au public de considérations vaguement philosophiques
inspirées de Lucrèce. Ce faisant, il transgresse diverses lois du
discours. On remarquera que la tirade n'apparaît telle que par
rapport au contexte de l'œuvre. Si Valentin était un personnage
de philosophe ridicule ou s'il ne s'agissait pas d'échanges dans
un milieu mondain, on ne la considèrerait pas comme une tirade.

Le texte s'efforce bien d'atténuer la transgression des lois du
discours. L'énoncé initiateur (« veux-tu aussi… », etc.) demande
et prend la permission de changer de sujet ; il dénonce lui-même
son caractère savant. Quant à « aussi », il prétend placer la tirade
dans le prolongement de ce qui précède, donc de reporter sur Cécile
une part de la responsabilité. En outre, Musset l'a découpée en
trois répliques pour la rendre plus digeste, lui conserver une allure
dialogique. Mais les interventions de Cécile sont purement déco-
ratives, elles n'infléchissent nullement le cours d'un exposé qui
semble détachable du contexte. Les questions que pose Valentin
dans sa première réplique comme l'impératif de la troisième
(« demande aux forêts… ») sont rhétoriques : ce ne sont pas de
vraies questions ou de vrais ordres, mais des assertions indirectes. Malgré les précautions prises, le morceau est donc généralement perçu comme une tirade et a été traité comme tel par
son auteur dans son adaptation scénique. Il tombe doublement

sous la condamnation puisqu'il ne vise à satisfaire ni Cécile ni le spectateur, que l'auteur se comporte en « fâcheux » soucieux de parler pour lui, de ce qui l'intéresse, sans se préoccuper de l'interlocuteur.

Mais il n'est pas besoin d'être un grand rhéteur pour concevoir des arguments montrant que cette tirade de Valentin n'est dysfonctionnelle qu'en apparence et qu'elle retrouve une pertinence si, par exemple, on prend en compte un contexte plus large. Au théâtre, en effet, les énoncés sont évalués comme des actes de langage ordinaires, soumis aux normes du discours, mais aussi comme des fragments d'une œuvre qui a ses lois propres, le discours d'un archiénonciateur. C'est la conséquence du statut instable du langage dramatique.

En fait, on a tendance à repérer des tirades surtout chez les auteurs peu considérés ; aux grands auteurs on fait davantage crédit. Il y a là une difficulté que nous avons évoquée à la fin du chapitre précédent. On le voit bien à propos de la célèbre « tirade » d'Eliante dans le *Misanthrope* (II, 4) qui est censée illustrer le principe selon lequel « Un amant dont l'ardeur est extrême / Aime jusqu'aux défauts des personnes qu'il aime ». De nombreux critiques ont incriminé ce passage. Un « petit classique » de 1902 s'en fait l'écho :

> Cette longue digression est peu naturellement amenée et ne se rattache pas à ce qui précède. Elle est surtout déplacée dans la bouche d'Eliante qui estime beaucoup le misanthrope. C'est un fragment − le seul qui reste, et que Molière aura sans doute voulu conserver − d'une traduction en prose et en vers qu'il avait essayée dans sa jeunesse du poème de Lucrèce *De rerum natura* (IV, 1149-1189) [1].

Ici, les normes de la bonne conversation et celles de l'esthétique sont confondues pour condamner la transgression d'un auteur narcissique qui a préféré placer un morceau de sa traduction de jeunesse, faisant fi des contraintes du bon théâtre. Comme dans le cas d'*Il ne faut jurer de rien*, on aurait affaire dans la tirade d'Eliante à une transgression maximale : la tirade serait plus excusable si elle cherchait à plaire au spectateur. Mais un spectateur de comédie mondaine n'est pas censé subir des morceaux choisis de Lucrèce.

---

1. *le Misanthrope*, édition annotée par l'abbé Figuière, Paris, C. Poussielgue éd., 1902, p. 649.

Mais, même si l'on admet la possibilité d'évaluer les œuvres, il apparaît bien difficile de trancher. On peut, par exemple, gloser sur la curieuse coïncidence qui veut que la tirade de Molière incriminée affirme justement que l'amoureux ne voit pas les défauts de ce qu'il aime ; un auteur, une œuvre aimés peuvent-ils avoir des défauts ? Lorsque par exemple Michel Serres considère le monologue de Sganarelle sur le tabac qui ouvre *Dom Juan*, il n'y voit nullement une tirade sans rapport avec la pièce, mais le modèle réduit de tout ce qui va se passer, « la loi qui va dominer la comédie »[1]. L'auteur aurait donc pris des libertés avec les lois du discours pour indiquer obliquement la loi de fonctionnement de son œuvre.

Parler pour la galerie

La tirade, ce peut aussi être un morceau de bravoure placé dans la bouche de personnages qui parlent « pour la galerie ». La tragédie classique, dans la mesure où elle refusait de montrer les épisodes violents sur la scène et exigeait des récits, était propice à ce type de tirade. Comme ces grands récits tragiques (le combat contre les Maures du *Cid*, le récit de Théramène dans *Phèdre*, pour citer les plus célèbres) risquaient fort de s'adresser directement au public, on recommandait aux auteurs de ne pas oublier les lois du discours, c'est-à-dire de rendre pertinents leurs récits pour les auditeurs sur scène. Il fallait en particulier que le récit soit censé informer ceux qui sont les plus intéressés par les événements racontés, que, loin d'être rebutés par la longueur du récit, ils l'exigent.

Mais il ne fallait pas tomber dans l'excès inverse, c'est-à-dire privilégier les interlocuteurs sur scène ; le public aussi devait attendre le récit avec impatience et en tirer du plaisir. On a une illustration paradoxale de ce principe dans *les Fourberies de Scapin* (III, 3), où Zerbinette raconte dans le détail des événements que le public connaît fort bien. Mais cette absence d'informativité est compensée par la situation : sans le savoir, c'est à la victime, Géronte, que Zerbinette raconte quel tour son fils vient de lui jouer. Tandis qu'elle rit comme une perdue, le spectateur voit peu à peu se décomposer le visage du vieillard et jouit de sa position de voyeur dans une intrigue où il n'est pas impliqué.

---

1. *la Communication*, Paris, Minuit, 1968, p. 234.

Au début du XVIIᵉ siècle, la tirade « pour la galerie » ne faisait pas l'objet d'une condamnation si tranchée. Il s'est produit une évolution dans le sens d'un allègement et d'une meilleure intégration des tirades dans les conversations des personnages. Cela va de pair avec la raréfaction des monologues, jugés artificiels, parce qu'ils établissaient une communication presque directe avec le spectateur. On peut voir cette évolution comme un progrès de la technique dramaturgique, mais il faut aussi prendre en compte le monde institué par les œuvres. Si *le Misanthrope* ne comporte pas de monologue, c'est également parce qu'il s'agit d'une pièce sur la vérité des paroles dans l'univers mondain, parce que le spectateur ne peut pas aller au-delà des conversations pour atteindre d'hypothétiques sentiments « véritables ». De même, si les tragédies affectionnent tant les longs monologues dans la première moitié du XVIIᵉ, c'est parce que, pour la plupart, elles sont bâties sur un dilemme dont le héros explore minutieusement les deux branches devant le spectateur.

Il existe un lien crucial entre le caractère héroïque des personnages de Corneille avant la Fronde et le fait qu'ils parlent à la galerie. L'héroïsme aristocratique est en effet théâtral par essence. Rodrigue n'est pas seulement un homme qui accomplit des exploits, mais un homme qui parle en héros, qui *montre* son héroïsme à travers sa manière de dire. Ses fameuses maximes, le récit à la fois épique et lyrique qu'il fait de son combat contre les Maures, ses propos de parfait amant, tous ses énoncés se donnent pour exemplaires et, comme tels, portent au-delà de leur destinataire immédiat. L'énonciation héroïque de Rodrigue semble prendre le spectateur à témoin de sa propre théâtralité.

Quand plus tard l'abbé d'Aubignac dans sa *Pratique du théâtre*[1] voudra, contre l'esthétique cornélienne, limiter strictement l'emploi des maximes au théâtre, il leur reprochera d'être en quelque sorte autonomes, c'est-à-dire de s'adresser au public au mépris de la pertinence contextuelle du dialogue. En fait, c'est la conversation qui constitue le modèle de référence de d'Aubignac alors que chez Corneille la maxime par son exemplarité institue une connivence avec les normes de la société noble. Le héros, pris dans un dilemme, doit perpétuellement se justifier devant un public qui constitue une sorte de tribunal (le tribunal est parfois matérialisé sur la scène : Rodrigue ou Horace comparaissent devant le roi). On est ici au plus près de la *rhétorique*

---

1. 1757, IV, 5.

originelle, de l'argumentation judiciaire. Pour la *Rhétorique* d'Aristote les maximes, précisément, « sont d'un grand secours pour les discours », à condition que l'orateur « conjecture quels sont les sentiments de l'auditoire, quels sont ses préjugés »[1].

L'abolition de la théâtralité

Derrière ces débats sur la maxime au théâtre, récurrents jusqu'à la fin du XVIIIᵉ siècle, on retrouve l'habituel conflit entre deux conceptions de l'énonciation théâtrale. L'une prétend replier les dialogues sur eux-mêmes, séparer totalement la scène et la salle, l'autre compose avec la duplicité de ce dispositif.

Il existe des auteurs qui se sont efforcé de réduire au maximum cette duplicité énonciative, de représenter des dialogues et des comportements « naturels ». C'est ainsi que le « drame bourgeois » du XVIIIᵉ siècle entend aller le plus loin possible dans « l'imitation de la nature », défendant une esthétique inséparable d'un combat politique contre une tragédie à qui l'on reproche d'être liée aux artifices aristocratiques. Dans cette optique, promouvoir une énonciation théâtrale pleinement « naturelle » c'est promouvoir le sujet parlant digne de la proférer, l'homme bourgeois, homme de la vérité. Faire parler sur scène des pères de familles ou des marchands et refuser les dialogues tournés vers le public sont deux choses étroitement liées. Comme l'écrit Rousseau dans *la Nouvelle Héloïse* :

> Les auteurs d'aujourd'hui... se croiraient déshonorés s'ils savaient ce qui se passe au comptoir d'un marchand ou dans la boutique d'un ouvrier (...) Communément tout se passe en beaux dialogues bien agencés, bien ronflants, où l'on voit que le premier soin de chaque interlocuteur est toujours celui de briller (...) Quelque agités qu'ils puissent être, ils songent toujours plus au public qu'à eux-mêmes.
>
> (1761, partie II, lettre XVII)

C'est dans le même esprit que, dans ses drames, Diderot en vient à privilégier les scènes où le dialogue, voire la syntaxe, se rompent sous la pression de l'émotion :

> Qu'est-ce qui nous affecte dans le spectacle de l'homme animé de quelque grande passion ? Sont-ce des discours ? Quelquefois. Mais ce qui nous émeut toujours, ce sont des cris, des

---

1. *Rhétorique*, livre II, 1395b.

> mots inarticulés, des voix rompues, quelques monosyllabes qui s'échappent par intervalles, je ne sais quel murmure dans la gorge, entre les dents. [1]

Désarticuler le discours ferait donc échapper à l'artifice théâtral, rabattrait les signes conventionnels sur les symptômes d'un corps ému. Si l'on va plus avant dans cette direction, on aboutit à la pure pantomime. Diderot s'y est parfois risqué. Pour lui, « il faut écrire la pantomime toutes les fois qu'elle fait tableau ; qu'elle donne de l'énergie ou de la clarté au discours »[2].

Mais, paradoxalement, cette tentative pour récuser la duplicité théâtrale s'est retournée en son contraire, produisant des scènes perçues comme éminemment artificielles. Ce qu'indique à son insu Diderot quand il écrit :

> Si un ouvrage dramatique était bien fait et bien représenté, la scène offrirait au spectateur autant de tableaux réels qu'il y aurait dans l'action de moments favorables au peintre [3].

Il songe sans doute ici aux peintures pathétiques de Greuze qu'il aimait tant. Mais il est étrange de voir invoqué l'artifice de la peinture pour fonder le naturel du théâtre. Certes, Diderot peut penser que la peinture est une imitation parfaite de la nature, mais il n'est pas besoin d'être un spécialiste pour voir que des tableaux comme ceux de Greuze ont précisément une composition et une gestuelle... toute théâtrale. Si bien que le tableau du dramaturge et celui du peintre renvoient l'un à l'autre sans montrer la « pure nature » autrement qu'à travers l'artifice de leurs codes.

L'inassignable juste milieu

En fait, contrairement à ce que semblaient croire les classiques, il est impossible de définir indépendamment des œuvres les critères qui séparent les énoncés dramatiques corrects de ceux qui, tels les tirades, seraient incorrects. Il n'existe pas de critère universel permettant de déterminer un « juste milieu » entre parler pour le public et parler aux autres personnages. C'est à chaque œuvre, à chaque système dramatique, de justifier par sa réussite le bien-fondé de ses choix, la solution qu'il apporte à un problème qui, posé dans l'absolu, ne peut recevoir de réponse satisfaisante.

---

1. « Entretiens sur le fils naturel », 1757, *Œuvres complètes*, Garnier, 1875, VII, p. 163.
2. « De la poésie dramatique », *op. cit.*, VII, p. 379.
3. « Entretiens sur le fils naturel », *op. cit.*, p. 95.

On peut en prendre la mesure en considérant une œuvre comme celle de Giraudoux. Si l'on suivait l'esthétique défendue par les tenants du drame bourgeois, rien ne devrait être plus éloigné de l'art dramatique que ce théâtre où les personnages semblent davantage s'écouter parler et offrir des morceaux bien ciselés au spectateur que s'adresser à leurs interlocuteurs immédiats. Pourtant, les personnages ont beau mettre en scène leurs énonciations et transgresser constamment les lois conversationnelles, ce théâtre est traversé par une force dramatique indéniable, du moins dans ses meilleures pièces. Ainsi, dans ce fragment de dialogue entre Hector et Ulysse dans *la Guerre de Troie n'aura pas lieu* (1935) :

> HECTOR : C'est une conversation d'ennemis que nous avons là ?
>
> ULYSSE : C'est un duo avant l'orchestre. C'est le duo des récitants avant la guerre. Parce que nous avons été créés justes et courtois, nous nous parlons, une heure avant la guerre, comme nous nous parlerons longtemps après, en anciens combattants. Nous nous réconcilions avant la lutte même, c'est toujours cela. Peut-être d'ailleurs avons-nous tort. Si l'un de nous doit un jour tuer l'autre et arracher pour reconnaître sa victime la visière de son casque, il vaudrait peut-être mieux qu'il ne lui donnât pas un visage de frère... Mais l'univers le sait, nous allons nous battre.
>
> (II, 13)

On a ici une confrontation entre Hector, l'administrateur, le guerrier, l'homme qui parle pour agir sur le monde, et Ulysse, l'homme qui semble tisser ses énoncés devant un miroir, mais pour mieux enserrer son interlocuteur dans les rets de son discours. La spécularité de cette énonciation est d'ailleurs revendiquée d'entrée : ce dialogue est un « duo » de théâtre. On peut juger que les énoncés éminemment « littéraires » d'Ulysse ne sont guère pertinents eu égard à leur destinataire et à la gravité de la situation, mais ce serait mal comprendre le statut de la parole dans cette pièce. En polissant ses dialogues, en les agençant subtilement alors même que la catastrophe est imminente, la pièce montre par son dire que le rituel de l'échange verbal porté à sa perfection constitue en lui-même un rejet de la barbarie qui menace. Ce qu'indique obliquement la phrase d'Ulysse : « puisque nous avons été créés justes et courtois, nous nous parlons, une heure avant la guerre ». Humanisme foncièrement dialogique, dans lequel le respect des formes, du beau langage fait la dignité de l'homme ; le respect du « juste » confond en réalité le souci de la *justice* et celui de la *justesse* du discours. En définitive, le monde véritablement humain est celui-là même qu'institue et présuppose la pièce à travers son énonciation, un monde de théâtre, de convenances, de paroles polies (aux deux sens du mot).

L'œuvre de Giraudoux montre, au même titre que les coups de force de certaines pièces du « théâtre de l'absurde », que s'ouvrent un nombre illimité de possibilités dès lors que *le contenu ultime d'une pièce c'est en fin de compte la manière dont elle gère la duplicité de l'énonciation théâtrale.*

Une théâtralité sans bords

Jusqu'ici, nous avons tacitement admis que le discours théâtral constituait un secteur du discours littéraire, caractérisé par une double scène énonciative. Mais la réflexion pragmatique a aussi pour effet de mettre en cause cette opposition trop rassurante entre le discours « ordinaire » et un discours théâtral à la parole double. En fait, le discours « ordinaire » lui-même est traversé par la théâtralité. En insistant sur le caractère institutionnel et ritualisé des actes de langage, en s'appuyant sur des concepts empruntés à l'univers du jeu, la pragmatique tend vers une conception quelque peu théâtrale de l'énonciation. Ainsi, lorsque Ducrot, évoquant « la grande comédie de la parole », écrit à propos des actes de langage :

> la langue constitue *un genre théâtral particulier* offrant au sujet parlant un certain nombre d'emplois institutionnels stéréotypés[1].

ou encore :

> La langue comporte, à titre irréductible, tout un catalogue de rapports interhumains, toute une *panoplie de rôles* que le locuteur peut se choisir lui-même ou imposer au destinataire[2].

on assiste à un retournement intéressant. On veut « utiliser » la pragmatique pour analyser l'énonciation théâtrale et on s'aperçoit que la pragmatique pense le langage à travers le modèle de cette énonciation théâtrale.

Analysant l'interjection, qui passe pour un type d'énonciation spontané, quasiment instinctif, Ducrot recourt ainsi au théâtre[3]. La différence entre « hélas ! » et « je suis triste » viendrait de ce

---

1. O. Ducrot, *la Preuve et le dire*, Mame, 1973, p. 49.
2. *Op. cit.*, p. 128.
3. *le Dire et le dit*, p. 185.

que, dans le second énoncé, le locuteur décrit son état comme celui d'un autre individu et n'a donc pas besoin d'avoir l'air triste, tandis qu'en proférant une interjection il devrait « jouer » la tristesse, la mimer. Cela expliquerait qu'on ne puisse dire « hélas ! » sans accompagner son dire de toute une gestuelle appropriée. Loin d'être la pure expression d'une nature sans artifice, les interjections définiraient autant de rôles assignés par la langue. Quand Aricie déclare à Hippolyte :

> Hélas ! qu'un tel exil, seigneur, me serait cher !

> *(Phèdre* V, 1)

la théâtralité du code de la tragédie classique s'appuie sur une interjection déjà minée par la théâtralité.

Cette inquiétante contamination du « naturel » et du théâtral constitue une des dimensions essentielles d'une pièce comme *le Misanthrope*. Alceste entend dissocier totalement la vérité de la parole et les échanges mondains qu'il assimile à du théâtre (Philinte jouerait la comédie de l'amitié, Oronte celle de la modestie, Célimène celle de l'amour, etc.). Il fait comme les moralistes de son temps, La Bruyère en particulier, qui s'efforcent de séparer un usage « normal » du discours et un usage théâtral qui dissimulerait les sentiments véritables. Mais on ne peut totalement annuler la dimension réflexive de toute énonciation. Pris dans le réseau des normes du groupe, énonciateur et co-énonciateur communiquent sous le regard d'un public invisible qui garantit l'exercice du jeu auquel ils se livrent ; ils sont aussi le public de leurs propres échanges. Alceste ne peut revendiquer une parole déthéâtralisée qu'en « donnant la comédie » :

> Je vous dirai tout franc que cette maladie,
> Partout où vous allez, donne la comédie.

> (I, 1)

LECTURES CONSEILLÉES

ISSACHAROFF M.
1985 - *le Spectacle du discours*, Paris, Corti.
    (Une réflexion intelligente sur l'énonciation dramatique, illustrée par des exemples.)

LARTHOMAS P.
1972 - *le Langage dramatique*, Paris, A. Colin.
    (Ouvrage traditionnel, mais qui constitue une mine de réflexions et d'analyses sur le rôle du langage au théâtre.)

UBERSFELD A.
1977 - *Lire le théâtre*, Éditions sociales.
(Ouvrage de référence qui aborde l'ensemble des problèmes posés par la représentation théâtrale.)

On consultera également deux recueils d'articles d'inspiration pragmatique :

1985 - « Discours théâtral et analyse conversationnelle », *Cahiers de linguistique française*, Université de Genève, n° 6.
1984 - « l'Écriture théâtrale », *Pratiques*, n° 41.

Sur les didascalies :

THOMASSEAU J.-M.
1984 - « Pour une analyse du para-texte théâtral », in *Littérature*, n° 54, p. 79-103.

VODOZ I.
1986 - « Le texte de théâtre : inachèvement et didascalies », *DRLAV*, n° 34-35, p. 95-109.

TRAVAUX

• *Dans le théâtre classique, les didascalies sont extrêmement succinctes. Il n'en va pas de même chez un dramaturge comme Feydeau. On le voit bien dans cet extrait :*

> YVONNE, *après un temps et sur ce même ton glacial* : Qu'est-ce que tu as dépensé pour ton souper ?
>
> LUCIEN, *avec un geste d'impatience* : Est-ce que je sais !
>
> YVONNE, *a un sursaut des épaules, puis se mettant à genoux sur le lit* : Tu ne sais même pas ce que tu as dépensé !
>
> LUCIEN *lève les yeux au ciel, puis sur un ton obsédé* : Onze francs soixante-quinze, là !
>
> (*Feu la mère de madame*, scène II)

Comment expliquez-vous l'abondance des didascalies ? En analysant leur contenu, vous réfléchirez sur les caractéristiques de ce type de théâtre.

• *A la fin de* l'École des maris *de* Molière, *Lisette, la domestique, s'adresse au spectateur :*

> Vous, si vous connaissez des maris loups-garous,
> Envoyez-les, au moins, à l'école chez nous.

Efforcez-vous de rendre compte de cette rupture de l'illusion théâtrale eu égard au type de pièce dans laquelle elle intervient.

• *La scène 3 de l'acte V du* Mariage de Figaro *est un monologue de Figaro d'une longueur considérable (une centaine de lignes). Un énoncé d'une telle ampleur ne pouvait que susciter la perplexité des critiques : tirade insupportable ou morceau de génie ? En considérant cette œuvre de Beaumarchais et en consultant quelques textes critiques, vous tâcherez d'élucider les présupposés sur le théâtre qui régissent tacitement l'évaluation de ce monologue.*

• *Dans le théâtre traditionnel, un certain nombre de conventions génériques sont des contrats de parole qui prescrivent aux différents types de rôles certains types de discours. C'est particulièrement net pour l'emploi de confident dans la tragédie classique. Dans certaines scènes de la tragédie de votre choix, relevez toutes les répliques d'un confident et analysez-les de manière à comprendre leur(s) fonction(s) dans le dispositif de la tragédie. Vous vous demanderez pourquoi la comédie à la même époque ne requiert pas aussi impérativement un tel emploi.*

• *On se cache beaucoup au théâtre : dans les placards, derrière les tapisseries, sous les lits, etc. Vous considérerez une de ces scènes dans lesquelles un personnage parle en sachant qu'il est écouté par un second, invisible, de façon à montrer l'entrelacement des deux fils énonciatifs à l'œuvre dans son discours.*

• *Ce qu'on appelle une scène d'exposition est la conséquence de la duplicité du dispositif théâtral, puisqu'il s'agit de donner le maximum d'informations au spectateur sans rompre l'illusion théâtrale, c'est-à-dire en masquant la discontinuité que constitue l'ouverture de la pièce. Prenez la première scène de quelques pièces de genres et d'époques variés pour comparer les stratégies qu'elles mettent en œuvre. Ces stratégies sont-elles invariantes ou sont-elles spécifiées par le type de pièce dans lesquelles elles s'inscrivent ?*

• *Le monologue dans une comédie constitue* a priori *une situation d'énonciation dramatiquement « inerte ». Comment l'auteur s'y prend-il pour gérer cette difficulté dans les deux textes suivants ?*

> SILVIA, *seule* : Je frissonne encore de ce que je lui ai entendu dire. Avec quelle impudence les domestiques ne nous traitent-ils pas dans leur esprit ? Comme ces gens-là vous dégradent ! Je ne saurais m'en remettre ; je n'oserais songer aux termes dont elle s'est servie, ils me font toujours peur. Il s'agit d'un valet ! Ah ! l'étrange chose ! Écartons l'idée dont cette insolente est venue me noircir l'imagination. Voici Bourguignon, voilà cet objet en question pour lequel je m'emporte ; mais ce n'est pas sa faute, le pauvre garçon, et je ne dois pas m'en prendre à lui.

(*le Jeu de l'amour et du hasard*, II, 8)

ARISTE : Oui, je vous porterai la réponse au plus tôt.
J'appuierai, presserai, ferai tout ce qu'il faut.
Qu'un amant, pour un mot, a de choses à dire,
Et qu'impatiemment il veut ce qu'il désire !
Jamais...

(les Femmes savantes, II, 1)

• *L'œuvre de Giraudoux n'est pas la seule dont on conteste souvent l'intérêt dramatique ; il en va de même pour le théâtre de Claudel. Réfléchissez sur le type d'arguments que l'on avance dans ce sens . Sur quels présupposés reposent-ils ?*

8. Bouclages textuels

L'irréductible réflexivité

Au fil de ces pages, sont apparus de manière récurrente des phénomènes de **réflexivité** (on dit aussi d'**autoréférence**), à travers lesquels le discours réfère à sa propre activité énonciative. Insistant sur ce type de phénomènes, la pragmatique prend ses distances à l'égard d'une conception traditionnelle pour qui l'acte d'énonciation s'effacerait derrière son « message »[1].

Qu'y a-t-il de singulier dans ces phénomènes autoréférentiels ? Il s'agit d'un *enchevêtrement de niveaux* ; l'énonciation s'immisce dans l'énoncé, qui fait retour vers son énonciation au lieu de se contenter de parler du monde. Cela est vrai du moindre acte de langage, qui à la fois produit un énoncé et *montre, indique* que cet acte constitue un ordre, une affirmation, une menace... Ici, la désignation de la nature de l'acte de langage ne relève pas d'un métadiscours, d'un discours sur le discours, elle se trouve mêlée avec lui.

Pour la pragmatique, le langage ne peut être « transparent » aux états du monde, il ne peut être signe, s'ouvrir à quelque chose d'autre que s'il réfléchit sa propre énonciation, s'il assume une part d'« opacité », pour reprendre les termes de F. Récanati[2]. A la différence des langages logiques, les langues naturelles enchevêtrent continuellement le discours et le métadiscours, elles disent

---

1. Nous évoquons ici la pragmatique, mais, sur ce point, elle rejoint d'autres courants de pensée, en particulier l'école de Palo Alto, qui a développé dans ses travaux sur la communication une théorie de l'injonction paradoxale. Sur ce sujet, voir P. Watzlawick, J.-H. Beavin et J. Jackson, *Une logique de la communication*, tr. fr., Seuil, 1972.
2. *la Transparence et l'énonciation*, Seuil, 1979.

en montrant du doigt qu'elles disent. Les phénomènes ressortis-
sant à cette réflexivité sont en nombre considérable : des guillemets, du discours indirect libre ou de l'ironie, dans lesquels est
brouillée la distinction entre la « mention » et l'« usage », aux
adverbes modalisateurs de tous types ou aux phénomènes
d'embrayage.

Le brouillage de niveaux peut aller jusqu'au **paradoxe**, c'est-
à-dire à une contradiction entre les niveaux enchevêtrés. On
connaît le paradoxe du menteur, prototype immémorial du paradoxe logique : dans « je mens » l'assertion, se prenant elle-même
pour objet, provoque une oscillation indéfinie entre le vrai et le
faux. Les logiciens ont dû neutraliser ses effets dévastateurs en
distinguant soigneusement des niveaux. Mais la langue naturelle,
elle, glisse entre les niveaux. L'ironie en est une parfaite illustration, puisque l'énonciation y détruit l'énoncé qu'elle profère : en
disant ironiquement « il fait beau » pour faire entendre le
contraire, on dénonce sa propre affirmation tout en l'accomplissant. De même, dans l'autodépréciation (« je suis un traître »),
on pourrait parler d'un **paradoxe pragmatique**, puisque l'on
montre qu'on est un homme de bien à travers l'énonciation même
qui affirme la culpabilité. L'instance qui énonce se détache et vient
s'opposer au « je » déprécié. Le ressort de tels paradoxes est que
le dire contredise le dit, que ce que « montre » l'énonciation
contredise son contenu. Le paradoxe est particulièrement serré
quand c'est l'indication illocutoire même qui est concernée : « Je
ne suis pas en train de parler »...

L'autoréférence est au cœur du discours littéraire comme de
la plus banale conversation. Mais dans la littérature elle prend
une ampleur particulière, dans la mesure où elle concerne l'énonciation d'œuvres entières, où elle est inséparable de l'affirmation
des univers fictifs que celles-ci prétendent instituer. Comme toute
parole, mais à un tout autre degré de complexité, le discours littéraire est une parole virtuellement menacée qui n'a jamais fini
de se justifier, qui mêle constamment l'institution de ses mondes
et la légitimation de son dire. Comme les termes de « réflexivité »
et d'« autoréférence » sont très peu spécifiés nous parlerons de
bouclages textuels pour désigner ces intrications entre les niveaux
de l'énoncé et de l'énonciation à travers lesquelles se pose une
œuvre[1].

---

1. Nous avons introduit cette notion dans notre livre *Nouvelles tendances en analyse
du discours*, Hachette, 1987, p. 48.50.

La frontière de l'auteur

Par extension, on utilise la notion de paradoxe pour des brouillages de hiérarchies d'ordres variés : si l'effet revient vers la cause, si l'extérieur est à l'intérieur, le contenant dans le contenu, etc. Si la représentation spontanée veut que le texte soit subordonné à son créateur comme l'effet à sa cause, la littérature nous montre que l'œuvre agit sur son auteur, que l'acte d'énonciation transforme l'énonciateur.

A ce sujet les *Essais* de Montaigne apparaissent exemplaires : « Je n'ai pas plus fait mon livre que mon livre m'a fait, livre consubstantiel à son auteur, d'une occupation propre, membre de ma vie » (II, 18). L'auteur s'est donné pour projet de « se peindre » ; le « moi » est donc à la fois l'objet à décrire et l'instance décrivante. Mais, au fur et à mesure que l'œuvre progresse, s'enrichit, il se produit un envahissement de l'objet représenté par l'acte d'écrire, du référent par l'énonciation. L'auteur doit peindre le moi qui peint dans une sorte de fuite en avant indéfinie. La modification du portrait fait partie du portrait. Processus qui en droit ne saurait avoir d'autre fin que la disparition à une date contingente de l'énonciateur.

Il n'y a donc plus d'un côté un objet à représenter, Michel de Montaigne, de l'autre un auteur, Michel de Montaigne, mais le mouvement même des *Essais* qui enveloppe l'un et l'autre, un processus indécidable qui met en suspens la hiérarchie entre l'énonciateur et l'énoncé. On en arrive à une conception déictique et performative de l'auteur : le « je » écrivant saisi dans son geste, à la fois sujet et objet de son dire, en modification perpétuelle. Ce qu'on appelle le « scepticisme » de Montaigne apparaît moins comme une doctrine que comme l'explicitation dans le registre philosophique du mouvement d'une écriture qui déstabilise, au-delà du principe d'autorité, l'unité, la cohérence qu'implique la maîtrise d'un auteur souverain sur son œuvre. Celui qui signe ne peut alors être véritablement l'auteur, le producteur d'un texte dont il serait le garant, mais un être à la fois producteur du texte et produit par lui. « Michel de Montaigne », auteur des *Essais*, n'est pas la même instance que l'individu appréhendé par l'histoire, mais le suspens d'une identité.

A côté de Montaigne, on pourrait évoquer un cas non moins extrême, celui de F. Pessoa (1888-1934), dont l'« hétéronymie » subvertit la hiérarchie usuelle du créateur et de son texte. Pessoa a élaboré des « personnages » qui en réalité signent une partie de ses propres œuvres. Ce ne sont pas des pseudonymes, mais des instances de création différentes les unes des autres, dont le style est différent de celui des œuvres que signe Pessoa. On aboutit alors à ce paradoxe que les œuvres de Pessoa comportent des textes d'Alvaro de Campos, de Ricardo Reis ou d'Alberto Caeiro et de Pessoa. Chacun des hétéronymes est pourvu d'une biographie. Ils se connaissent même les uns les autres : Alvaro de Campos raconte sa rencontre avec Caeiro, qu'il considère comme son maître, et Pessoa lui-même narre ses contacts avec ses hétéronymes.

Un tel dispositif suppose un enchevêtrement de niveaux, puisque les hétéronymes se trouvent à la fois au même niveau et à un niveau inférieur à celui de Pessoa, que l'auteur F. Pessoa n'est l'auteur que d'une partie de ses œuvres, qu'il est en un sens aussi fictif que ses hétéronymes. Comme Montaigne, mais de manière très différente, l'auteur apparaît comme un produit de son œuvre, intérieur et extérieur à elle. On aurait tort de ne voir là que des curiosités. C'est en fait l'exemplification d'un bouclage qui anime tout projet créatif. Pour le fantasme le créateur doit être le fils de son propre enfant, être engendré par son propre texte. Circularité qui brouille les niveaux de la génération.

Le monde de l'œuvre

Le monde « réel » que l'œuvre prétend représenter comme un objet extérieur à elle n'est en fait accessible qu'à travers le « monde » qu'institue l'œuvre. Le « monde de l'œuvre » doit se lire dans les deux sens : comme le monde représenté par l'œuvre et comme le monde qu'elle construit par sa clôture. Loin d'être visé par un discours transparent, le monde est donc « mimé » par ce discours même. L'œuvre d'une certaine façon doit « être » l'univers qu'elle est censée représenter. C'est en se présentant que le texte peut représenter, les propriétés affectées au monde représenté étant celles-là mêmes dont s'affecte le discours. L'œuvre donne à voir un monde à travers la matière de son énonciation ; d'un même mouvement, elle institue ce monde et tient un discours oblique sur lui par sa manière même de dire. Ainsi la « sagesse de La Fontaine », au même titre que le « scepticisme de Montaigne » évoqué plus haut, n'est pas, en dernière instance, une doctrine que l'on pourrait reconstituer en faisant la synthèse des textes où l'auteur traite de morale, elle se montre dans le déploiement énonciatif. Par sa manière de dire, le texte présuppose pragmatiquement un certain univers, celui dans lequel il est pertinent de parler comme il le fait. Or cet univers est celui-là même qu'il fait surgir à travers son énonciation. C'est parce que le monde possède certaines propriétés que le texte énonce d'une certaine manière, mais c'est cette manière qui suscite le monde qui est censé la légitimer. Paradoxe d'un monde qui doit se poser à la fois en amont et en aval de l'œuvre qu'il rend possible et qui le rend possible.

L'« étrangeté » dont le roman de Camus *l'Étranger* est censé traiter n'est pas une étrangeté dite, ce n'est pas une doctrine explicite (comme dans *le Mythe de Sisyphe*), mais l'effet que crée l'énonciation, en particulier par l'emploi du passé composé et la distance entre l'énonciateur et un *je* sujet de l'énoncé qui est traité comme une troisième personne. C'est parce que le héros vit dans un monde absurde que l'œuvre le montre « étranger », mais ce monde absurde est justement celui qu'institue l'œuvre...

Dans les dernières œuvres de Céline, les fameux points de suspension rompent la syntaxe et créent des scansions spécifiques, celles d'un univers constamment sous la menace d'être déchiqueté par les bombardements :

> eh bien, non ! une tornade de l'autre extrême, tout le train d'un coup *br...r...rang !* se redressait !... se remettait à gigoter... dans la suie et le soufre... convulsions !... à peine croyable... le train faisait piston pour mieux dire de bout en bout sous cette voûte... selon les bombes d'en haut d'en bas !... va-et-vient... (...)

> (*Rigodon*, Gallimard, « folio », p. 97)

De tels textes ne « représentent » pas un monde disloqué ; d'une certaine façon ils « sont » ce monde disloqué que l'écriture tout à la fois crée et présuppose. Les bombardements sont à la fois dans le récit et en amont de lui, ils brisent le texte en même temps que les villes allemandes.

Ce qu'on appelle « l'univers d'une œuvre » se joue de la séparation rassurante entre l'énonciation et le monde. L'œuvre ne parle d'autre chose qu'elle qu'en se montrant prise dans ce qu'elle est censée décrire, elle s'ouvre en se fermant sur soi.

Le paradoxe du phénix

L'univers à la fois représenté et incarné dans l'œuvre est lui-même pris dans un bouclage constitutif de toute œuvre, celui par lequel l'auteur triomphe à travers l'échec même qu'il donne à voir, construit son unité à travers la décomposition. Paradoxe pragmatique par lequel l'énonciation de l'œuvre récuse le contenu même qu'elle exhibe.

Ce n'est pas que la littérature ait nécessairement besoin de présenter des univers déchirés ou absurdes, puisqu'il existe bien des œuvres qui chantent l'harmonie, mais le paradoxe, par une sorte de passage à la limite, met en évidence l'effet de tout travail créatif. Quand une œuvre donne à voir le spectacle des clichés ou des propos frivoles, elle montre par là même aussi l'originalité et la nécessité de l'énonciation qui les anime et les agence. Cet effet est exemplaire dans *les Mémoires d'Outre-Tombe* où la destruction de l'ancien régime, les bouleversements de l'Europe, les amours perdues, bref le travail de la mort représenté dans l'énoncé est sourdement racheté par la maîtrise d'une écriture, cachet du génie de son auteur. Ce paradoxe est rendu tangible par la coïncidence imaginaire entre la mort de l'écrivain et la naissance de l'auteur, la coïncidence du tombeau et du berceau, la dissolution du moi et des civilisations se bouclant sur l'avènement marmoréen de l'auteur et de l'œuvre :

> Grâce à l'exorbitance de mes années, mon monument est achevé. Ce m'est un grand soulagement ; je sentais quelqu'un qui me poussait ; le patron de la barque sur laquelle ma place est retenue m'avertissait qu'il ne me restait qu'un moment pour monter à bord. Si j'avais été le maître de Rome, je dirais comme Sylla que je finis mes *Mémoires* la veille même de ma mort.
>
> (*Mémoires d'Outre-Tombe,* IV, XII, chap. 10)

C'est Mallarmé qui donnera sa formulation la plus frappante à ce bouclage dans le célèbre « Tombeau d'Edgar Poe » (1877), où les sombres récits d'Edgar Poe en disant le triomphe de la mort érigent en fait le monument du narrateur, où la tombe majestueuse de l'artiste contredit la victoire de la mort qu'elle est censée attester. Paradoxe qui se joue dans l'« outre-tombe » où l'auteur se compose en se décomposant ; il se trouve à la fois *dans* le tombeau de l'œuvre (le contenant d'une « outre/tombe ») et *au-delà* (« outre-tombe »), né d'elle pour l'énoncer triomphalement. Figure d'une structure plus générale, celle du paradoxe pragmatique, où l'enveloppe énonciative vient contredire le contenu qu'elle est en train de délivrer par le fait même de le délivrer comme elle le fait.

Miroirs légitimants

Dans les chapitres précédents, nous avons repéré les effets de la valeur autolégitimante de l'énonciation des œuvres, qui, par la vertu de leur seule profération, « montrent » leur droit à se poser comme elles le font. Mais cette légitimation performative bien souvent s'accompagne de la présence dans le texte de fragments qui thématisent cette énonciation même. Le fameux sonnet d'Oronte nous est ainsi apparu comme une sorte de repoussoir du discours théâtral moliéresque qui l'inclut. On parlera de **miroirs légitimants** ; ceux-ci seront de deux sortes : les **anti-miroirs**, comme le sonnet d'Oronte, et les **miroirs qualifiants** qui, au contraire, valorisent le texte qui les inclut. Le même fragment peut fonctionner à la fois comme miroir qualifiant et comme anti-miroir ; c'est le cas en particulier s'il s'agit d'une étape destinée à être dépassée : d'abord qualifiant, il se révèle ensuite anti-miroir.

Ces miroirs peuvent avoir une extension très variable (du fragment très localisé à l'ensemble de l'œuvre) et peuvent porter sur de multiples aspects de son fonctionnement : depuis les doctrines esthétiques les plus larges jusqu'aux détails typographiques. En outre, les modalités de cette légitimation sont extrêmement diverses : on trouvera des parodies (cf. le sonnet d'Oronte), des exposés doctrinaux, des remarques stylistiques ponctuelles, la description de la vie de l'auteur, etc. Il n'entre pas dans notre propos ici d'offrir une typologie complète de ces multiples paramètres, mais seulement de faire prendre conscience que ce ne sont pas des phénomènes accessoires, mais un aspect essentiel du fonctionnement discursif. Bien sûr, on peut toujours poser que toute œuvre en un sens est de part en part un processus d'autolégitimation, mais cette thèse très générale ferait négliger la diversité essentielle des textes, des auteurs, des époques, des genres, des écoles. La manière dont les œuvres gèrent ces miroirs constitue une des voies d'approche de leur spécificité.

Le miroir peut porter sur les diverses conditions de l'activité énonciative, sur la langue même de l'œuvre par exemple. C'est que la langue mobilisée n'est pas un instrument que l'on maîtriserait de l'extérieur pour aboutir à un certain résultat, mais une dimension constitutive de l'efficace discursive. Il vaut mieux parler ici de **code langagier**, tirer profit de l'ambiguïté qui fait du « code » aussi bien un instrument de communication qu'un corpus de lois ; la langue à travers laquelle l'œuvre s'exprime participe de l'univers qu'elle institue comme légitime.

Dans _le Siècle de Louis XIV_, on voit ainsi Voltaire évoquer les vertus du français. Celui-ci apparaît non comme un vecteur d'idées parmi d'autres, mais comme la condition et l'accomplissement d'une certaine qualité du discours. Il permet de définir un espace européen des Lumières en délimitant une élite d'« honnêtes gens » investis par ce code langagier. La description de la genèse se retourne en généalogie qualifiante de l'énonciation voltairienne :

> Sa [_de la nation française_] langue est devenue la langue de l'Europe ; tout y a contribué : les grands auteurs du siècle de Louis XIV, ceux qui les ont suivis ; les pasteurs calvinistes réfugiés qui ont porté l'éloquence, la méthode dans les pays étrangers ; un Bayle surtout, qui, écrivant en Hollande, s'est fait lire dans toutes les nations ; un Rapin de Thoyras, qui a donné en français la seule bonne histoire d'Angleterre ; un Saint-Evremond, dont toute la cour de Londres recherchait le commerce ; la duchesse de Mazarin, à qui l'on ambitionnait de plaire ; Mme d'Olbreuse, devenue duchesse de Zell, qui porta en Allemagne toutes les grâces de sa patrie. L'esprit de société est le partage naturel des Français : c'est un mérite et un plaisir dont les autres peuples ont senti le besoin. La langue française est de toutes les langues celle qui exprime avec le plus de facilité, de netteté et de délicatesse, tous les objets de la conversation des honnêtes gens.
>
> (le Siècle de Louis XIV, chap. XXXII)

L'activité énonciative des Lumières se caractérise en particulier par le développement d'un ensemble de genres de discours brefs qui traitent de manière divertissante de problèmes de société et circulent semi-clandestinement à travers l'Europe « éclairée ». Le français comme code langagier est inséparable de la visée de ces libelles où s'associent sociabilité mondaine et lutte contre l'ignorance, le fanatisme ou le despotisme. A cette époque, la langue française est, en effet, investie d'un pouvoir d'« éclairement » ; par sa clarté, elle est supposée récuser toute obscurité, donner à voir les articulations de la pensée dans toute leur rigueur.

Le miroir qualifiant peut tout aussi bien prendre en compte l'ensemble de cette production des Lumières. Ainsi voit-on Voltaire écrire un libelle, « De l'horrible danger de la lecture », qui affirme sur le mode parodique les vertus du discours dont il relève. Voltaire y feint de faire promulguer par le pouvoir ottoman un décret condamnant la lecture d'imprimés venus de France :

> Cette facilité de communiquer ses pensées tend évidemment à dissiper l'ignorance, qui est la gardienne et la sauvegarde des États bien policés (...) Il se pourrait dans la suite des temps

> que de misérables philosophes, sous le prétexte spécieux, mais
> punissable, d'éclairer les hommes et de les rendre meilleurs,
> viendraient nous enseigner des vertus dangereuses dont le peu-
> ple ne doit jamais avoir de connaissance.

Il en résulte alors l'interdiction d'enseigner à lire :

> enjoignons à tous les vrais croyants de dénoncer à notre offi-
> cialité quiconque aurait prononcé quatre phrases liées ensem-
> ble, desquelles on pourrait inférer un sens clair et net.
> Ordonnons que dans toutes les conversations on ait à se ser-
> vir de termes qui ne signifient rien, selon l'ancien usage de
> la sublime Porte.
>
> (1765, *Extraits de Voltaire* par G. Lanson et R. Naves,
> Hachette, 1930, p. 337-340)

On a là un anti-miroir paradoxal qui délivre les contenus mêmes
qu'il prétend récuser ; l'énonciation se pose et se détruit en même
temps pour affirmer obliquement le pouvoir de l'énonciateur et
de son code langagier.

Mais tous les miroirs légitimants ne sont pas ironiques. Dans
un texte comme *l'Œuvre* de Zola les choses sont plus simples.
L'un des personnages de l'histoire est un romancier naturaliste,
Sandoz, qui raconte la carrière et défend la doctrine de son auteur,
telle que l'illustre précisément *l'Œuvre*. *Le Désespéré* de Léon Bloy
va encore plus loin dans le même sens, puisque le romancier porte-
parole de l'auteur est le héros de l'histoire ; sans cesse rejeté des
milieux littéraires parisiens, il profère un réquisitoire d'une rare
violence contre ses confrères. L'intégralité du récit fonctionne donc
comme un miroir qualifiant de la figure et de l'œuvre de son
auteur, la revendication du droit à produire le roman même dans
lequel il pose cette revendication.

Aussi bien Voltaire que Léon Bloy ne laissent pratiquement
aucune autonomie aux discours qu'ils posent comme repoussoir.
Il n'en va pas de même pour Molière dans *le Misanthrope* ou *les
Précieuses ridicules* ni de Pascal dans les dix premières *Provinciales*. Pour Molière c'est particulièrement net, puisqu'il s'agit de
personnages de théâtre. Pour Pascal, cela tient au procédé qui
consiste à mettre en scène un personnage « neutre » qui donne
la parole aux adversaires des jansénistes. L'anti-miroir fonctionne
de manière subtile : il n'est pas dit que les énoncés du jésuite
mis en scène dans les lettres 5 à 10 sont illégitimes, mais cela est
montré par l'écart entre son dit et son dire. Il énonce avec un
ton doucereux des affirmations dont le contenu, eu égard aux

normes de la morale chrétienne, apparaît scandaleux. Dans _la Peste_ de Camus, roman sur l'« engagement », la dénonciation d'une littérature romanesque futile se fait également de l'intérieur, mais par un écart entre l'énoncé et les conditions de l'énonciation : le héros se fait lire par un écrivain amateur le début d'un roman parfaitement conventionnel qui se trouve disqualifié par la situation éminemment dramatique dans laquelle est plongée la ville.

Le miroir peut envahir l'œuvre entière. _La Critique de l'École des femmes_ de Molière défend l'esthétique de _l'École des femmes_ en mettant en scène des gens du monde qui discutent de cette pièce. Si l'on rapporte _la Critique_ à toutes les pièces de Molière, elle en est un sous-ensemble qui tient le rôle de miroir qualifiant. Mais si on considère _la Critique_ en elle-même, elle est de part en part miroir puisqu'elle incarne la doctrine qu'elle défend, elle ne fait que « montrer » ce qu'elle « dit ». Le métadiscours sur le théâtre est une pièce de théâtre autonome.

La _Recherche_ proustienne va encore plus loin dans cette direction puisqu'elle ignore le décalage entre _la Critique_ et _l'École des femmes_ pour instituer une « école de l'auteur de l'œuvre ». Gigantesque miroir de sa propre énonciation, elle coïncide avec le récit de la vocation littéraire de son auteur, la mise en place des conditions de sa propre énonciation. Les théories esthétiques explicitement défendues dans le texte, en particulier dans _le Temps retrouvé_, sont à la fois un miroir du dire du texte et un élément de l'histoire, l'objet de la quête du personnage. Quand on lit :

> L'idée d'un art populaire comme d'un art patriotique, si même elle n'avait pas été dangereuse, me semblait ridicule. S'il s'agissait de le rendre accessible au peuple, en sacrifiant les raffinements de la forme, « bons pour des oisifs », j'avais assez fréquenté de gens du monde pour savoir que ce sont eux les véritables illettrés, et non les ouvriers électriciens.
>
> (_le Temps retrouvé_, Gallimard, Livre de poche, p. 247)

cette récusation de l'anti-miroir que serait la littérature « populaire » se lit ici sur deux niveaux enchevêtrés : celui de l'histoire (les aventures du héros étaient destinées à aboutir à cette découverte) et celui du dire (la doctrine est celle que met en œuvre le roman qui l'inclut : _la Recherche_ n'a pas sacrifié « les raffinements de la forme »).

Miroirs indirects

Les miroirs que nous venons d'évoquer sont *directs*, en ce sens qu'ils portent sur l'énonciation *littéraire* même dont ils participent. C'est loin d'être toujours le cas. Le miroir qualifiant comme l'anti-miroir peuvent fort bien légitimer **indirectement**, c'est-à-dire en traitant apparemment d'autre chose que de l'énonciation dont relève le texte.

Les miroirs et anti-miroirs indirects sont de types très variés. Le bouclage peut s'opérer à travers des œuvres littéraires d'un genre différent, à travers des œuvres relevant d'autres arts, ou encore des épisodes d'un tout autre domaine qui sont néanmoins interprétables en termes de littérature. C'est ainsi qu'on peut lire l'histoire racontée dans *la Peau de chagrin* comme un miroir de la création romanesque balzacienne, la *Comédie humaine* thématisant indirectement par un récit fantastique le processus de destruction de son créateur qui la rend possible. Combien de réflexions de Proust sur des œuvres picturales ou musicales portent obliquement sur l'énonciation de *la Recherche* ! La poésie affectionne particulièrement ces détours. Le sonnet « Bohémiens en voyage » de Baudelaire comme « La mort du loup » d'Alfred de Vigny peuvent se lire comme une évocation de la condition de l'auteur. Mais, alors que le sonnet de Baudelaire n'explicite pas cette identification, qui passe par un terme relais implicite (*bohémiens → bohèmes → artistes*), le poème de Vigny la souligne dans sa conclusion :

> – Ah ! je t'ai bien compris, sauvage voyageur,
> Et ton dernier regard m'est allé jusqu'au cœur.
> Il disait : « Si tu peux, fais que ton âme arrive
> A force de rester studieuse et pensive,
> Jusqu'à ce haut degré de stoïque fierté
> Où, naissant dans les bois, j'ai tout d'abord monté... »

Les deux miroirs s'alimentent au même répertoire romantique, celui de l'artiste errant, exclu d'une société avilie, mais ils soulignent les traits qui correspondent au statut de l'auteur du texte particulier dans lequel ils figurent. Le loup des *Destinées* enseigne le travail stoïque de l'écriture dans un univers soumis à la fatalité, tandis que le bohémien baudelairien est à la fois un marginal qui passe entre les mailles du réseau social et le détenteur d'une parole immémoriale.

Dans ce domaine l'ingéniosité interprétative peut se donner libre cours, sauf quand le texte assume un statut délibérément didactique. Dans *l'Emploi du temps* de Michel Butor, le miroir indirect est une autre œuvre, en l'occurrence un roman. Le héros, Revel, lit en effet un roman policier, *le Meurtre de Bleston*, qui l'aide à se repérer dans le labyrinthe où il se trouve. Mais ce roman sert aussi d'anti-miroir de l'œuvre véritable, celle que nous sommes en train de lire et que Revel construit peu à peu. L'accès à une énonciation pleine suppose le meurtre du *Meurtre de Bleston*. Leçon qui doit se reporter sur le lecteur ; lui aussi doit s'arracher au livre qui lui a servi de guide, en l'occurrence *l'Emploi du temps*.

A côté de ces miroirs indirects soigneusement agencés qu'affectionne le Nouveau Roman, on rencontre toutes sortes de fragments textuels dont le statut est plus ou moins net. C'est ainsi qu'au chapitre 6 nous avons pu déchiffrer le texte de Péguy sur la réception de la grâce comme mise en scène légitimante de l'énonciation répétitive de ce même texte. Bouclage caché mais parfait dans lequel énoncé et énonciation se prêtent mutuellement appui ; le monde spirituel représenté est à l'image du discours qui se porte sur lui, le discours à l'image de ce monde.

Reflets brouillés

Dans les *Fables* de La Fontaine, à côté de miroirs directs tout à fait canoniques, comme la fable 4 du livre VIII, « Le pouvoir des fables » qui traite de sa propre énonciation, on trouve des fragments dont il est difficile de dire si ce sont des miroirs directs ou indirects. C'est le cas des « Obsèques de la lionne » (VIII, 14).

La lionne ayant tué la femme et le fils du cerf, celui-ci ne fait pas semblant de pleurer quand meurt la souveraine. Risquant d'être châtié pour ce forfait, il raconte au roi, dans la pure tradition du merveilleux épique, que la reine lui est apparue pour lui dire qu'elle était au paradis et ne voulait pas être pleurée. Le cerf est alors récompensé. D'où la moralité suivante, détachée du corps du récit :

> Amusez les rois par des songes,
> Flattez-les, payez-les d'agréables mensonges :
> Quelque indignation dont leur cœur soit rempli,
> Ils goberont l'appât, vous serez leur ami.

C'est la moralité qui incite à voir là un miroir direct, en dépit du détour par les aventures du cerf. Mais même cette moralité n'évoque pas clairement l'énonciation du fabuliste ; il faut un saut interprétatif pour lire le texte dans ce sens. Ces deux légers décalages ne sont pas arbitraires, ils sont révélateurs du jeu

extrêmement subtil de la fable, tel que les « Obsèques de la lionne »
le thématisent obliquement.

La moralité peut se lire comme un indicateur destiné à provoquer une lecture du texte en termes de miroir qualifiant. Étant
donné qu'on trouve en son milieu une charge contre la cour et
le roi qui tranche brutalement le fil du récit :

> Je définis la cour un pays où les gens,
> Tristes, gais, prêts à tout, à tout indifférents,
> Sont ce qu'il plaît au prince, ou s'ils ne peuvent l'être,
> Tâchent au moins de le paraître,
> Peuple caméléon, peuple singe du maître ; (...)

on interprètera aisément le récit des obsèques de la lionne comme
un de ces « agréables mensonges » qui permettent d'attaquer en
toute impunité le pouvoir établi. Le cerf est le modèle du fabuliste : tous deux font de la littérature pour s'innocenter, tous deux
se rendent coupables à l'égard du roi et de sa cour, l'un en ne
pleurant pas, l'autre en écrivant sa fable.

Mais ce miroir qualifiant ne peut être que partiel, car à l'enchevêtrement de niveaux qui permet à la narration de se projeter dans
l'histoire racontée s'ajoute un paradoxe remarquable : le crime
du cerf est antérieur à sa réparation alors que celui du fabuliste
coïncide avec cette réparation. Si l'on suit bien la leçon de la moralité, l'énonciation des « Obsèques de la lionne » constitue à la fois
une attaque contre le pouvoir et son absolution par son caractère
d'« agréable mensonge », de littérature. Si le crime est parfait,
l'absolution est totale. Le crime parfait est par définiton celui
auquel on ne peut assigner aucun agent particulier ; la critique
du pouvoir royal, si elle est esthétiquement parfaite, rompt tout
lien avec le sujet singulier qui la profère. L'écrivain peut être exilé,
emprisonné, l'auteur de l'œuvre est à jamais hors de portée.

Le bouclage est encore plus complexe si l'on prend en compte
la moralité de la fable. En apparence il s'agit d'un métadiscours
extérieur à la fable proprement dite et qui en explicite le sens ;
pourtant, elle *redouble la faute qu'elle semble commenter.* C'est
en interprétant le récit comme elle le fait qu'elle le constitue en
attaque contre le roi. Du même coup, elle place le fabuliste dans
la position du cerf. L'énonciateur du métadiscours se retrouve ainsi
au même niveau que le personnage de l'histoire, dans une circularité qui brouille la hiérarchie énonciative.

Une question se pose alors : l'absolution que la moralité accorde
aux fables est-elle aussi une auto-absolution ? en d'autres termes,
la moralité fait-elle ou non partie de la fable, de l'« agréable

mensonge » ? Si elle n'en fait pas partie, le fabuliste est coupable, et donc punissable ; si elle en fait partie, il est lavé de tout crime par la réussite de son œuvre. On ne peut trancher, puisque la moralité appartient à la fable... mais séparée du reste du texte par un blanc.

Supposons que la moralité s'absolve elle-même, il est une faute dont elle ne peut s'absoudre, c'est de cette auto-absolution où l'on s'innocente à travers la perpétration de son crime. Est impliqué ici un jeu subtil sur l'auto-légitimation de toute œuvre littéraire ; l'acte d'écriture, l'avènement de *l'auteur*, suppose le meurtre de *l'autorité*, la loi de l'œuvre celui de la loi. L'auteur ne cesse d'approfondir son crime en le rachetant par la réussite de son œuvre. Les paradoxes dont est tissée cette fable sont lisibles *comme une fable des paradoxes constitutifs de toute littérature.*

« Les obsèques de la lionne » permettent également de souligner la position paradoxale de l'écrivain, intérieur et extérieur à la fois à l'univers qu'il dénonce. Il vit au milieu de cette cour, de ces grands qu'il dénonce, il vit de leurs subsides, de leurs récompenses. Parasite originaire, tiers jamais inclus, jamais exclu, il doit par son œuvre représenter une cour où figurent aussi des écrivains qui tendent un miroir à la cour. Un miroir opacifié par les miroirs légitimants à travers lesquels se montre la parole littéraire.

Les niveaux fictionnels

Les bouclages de **niveaux fictionnels**, ceux que l'on range communément sous l'étiquette de **mise en abîme**, sont sans doute ceux qui ont le plus fasciné. Ils touchent en effet au rapport même entre le discours littéraire et son « extérieur ».

L'Œuvre de Zola a beau décrire l'existence d'un romancier qui pourrait être son auteur, les niveaux fictionnels ne sont pas déstabilisés pour autant ; le texte n'est pas agencé de manière à inclure *l'Œuvre* dans elle-même et à susciter un vertige. Au contraire, le romancier y décrit l'univers de la création comme un secteur parmi d'autres de la société. Pour que les niveaux fictionnels soient brouillés, il faut que l'œuvre se réfléchisse, qu'il y ait un jeu sur le même. C'est le cas d'un texte comme *les Faux monnayeurs* de Gide ou de *Contrepoint* d'A. Huxley où l'un des personnages réfléchit sur la structure d'un roman qui est précisément celle du roman qui le contient ; c'est aussi le cas dans *les Fruits d'or* de N. Sarraute qui coïncide avec les débats suscités par un roman intitulé... *les Fruits d'or*. Mais ce n'est pas le cas dans les célèbres *Dix petits nègres* d'A. Christie où la ritournelle sur les dix petits nègres donne en quelque sorte le programme du récit et le scande, mais sans provoquer une déstabilisation. Elle permet d'illustrer la conception que l'on se fait communément du destin (c'était écrit) ; ce n'est pas un point de réflexion pour la relation entre réel et fiction.

La mise en abîme prend un relief tout particulier au théâtre, où elle rend alors tangible le vertige de la représentation. Il suffit de songer à des pièces comme *Hamlet* ou *l'Illusion comique* de Corneille. Dans cette dernière œuvre, un père demande à un magicien de lui dire ce qu'est devenu son fils. Le magicien lui montre alors le jeune homme au service d'un noble fanfaron, Matamore, puis connaissant un destin tragique. Le père se lamente ; le magicien lui révèle alors que la seconde partie, tragique, n'était qu'une pièce de théâtre : le jeune homme est devenu comédien. A l'époque baroque, ce jeu trouvait une justification idéologique dans le topos du « grand théâtre du monde » : si, au théâtre, ce que l'on prend pour du réel peut se révéler du théâtre, alors notre univers lui-même n'est peut-être qu'un théâtre que nous considérons indûment comme un réel ultime.

Dans ce domaine, *Don Quichotte* n'est pas en reste. Non seulement le héros confond le réel et la fiction des romans de chevalerie, mais le chapitre XXVI de la deuxième partie nous le montre attaquant à l'épée un théâtre de marionnettes pour défendre les personnages poursuivis par les mores. Mais cette deuxième partie intègre aussi dans l'histoire le livre qui narre la première partie des aventures de Don Quichotte, suscitant un trouble chez le lecteur. Le chevalier errant a ainsi connaissance du livre qui narre ses exploits antérieurs :

> Dites-moi, frère écuyer : votre seigneur ici présent n'est-il pas l'homme dont l'histoire circule imprimée sous le titre de *l'Ingénieux Chevalier don Quichotte de la Manche*, qui a pour dame de ses pensées une certaine Dulcinée du Toboso ?

> (II, XXX)

Le lecteur est lui-même renvoyé à la figure du chevalier fou, qui mêle fiction littéraire et monde réel.

L'œuvre en s'incluant elle-même s'ouvre à l'infini, faisant refluer le vertige vers le monde du spectateur. C'est la séparation entre le monde « réel », celui du lecteur ou du spectateur, et le monde fictif qui est ainsi mise en cause. Dès lors que le monde fictif se fissure, cette fissure se communique au monde représenté. C'est là une possibilité constamment inscrite dans la structure même de la représentation littéraire et qui trouve à se manifester avec plus de force quand la conjoncture esthétique est favorable. C'était le cas pour le baroque, ce fut aussi le cas pour le Nouveau Roman, qui s'est appuyé sur l'esthétique structuraliste de l'œuvre « autotélique » où le discours, inversant l'ordre des échanges ordinaires, ne renverrait qu'à lui-même, accomplissant un cercle parfait. Mais la mise en abîme ne vaut que si elle se reporte sur la frontière énigmatique entre le monde et la littérature, si, comme dans le topos baroque du grand théâtre du monde, elle a une portée ontologique. La relation entre l'œuvre totale et le fragment qui la redouble pour en donner le code y est obscurément pensée comme analogue à celle entre l'œuvre et le monde ; l'œuvre est ce fragment du monde qui en propose un code de déchiffrement.

Toute typologie détaillée de ces bouclages de niveaux fictionnels serait artificielle. Importe surtout le rôle de la mise en abîme dans l'économie de l'œuvre et, au-delà, dans la définition du discours littéraire que cette œuvre implique. On l'a vu, le Nouveau Roman et le baroque exploitent dans des sens différents un bouclage textuel qui est au cœur de toute littérature.

Cercles parfaits

Si l'on pousse encore plus avant dans cette direction, on parvient à des œuvres qui fondent idéalement les miroirs et leur énonciation, au point d'être totalement performatives, d'accomplir ce qu'elle disent en le disant.

Ainsi dans le célèbre « Art poétique » de Verlaine :

> De la musique avant toute chose,
> Et pour cela préfère l'Impair,
> Plus vague et plus soluble dans l'air,
> Sans rien en lui qui pèse et pose (...)

(Jadis et naguère)

le métadiscours sur l'art poétique se trouve en quelque sorte incarné dans son énonciation même ; la revendication de l'impair se fait à travers un mètre impair, et ainsi de suite. Alors que dans *la Recherche du temps perdu* les considérations esthétiques sur le roman n'occupent qu'une petite partie du livre, ici elles coïncident avec l'œuvre. Quand Verlaine évoque les thèmes que requiert la poésie :

> C'est des beaux yeux derrière les voiles,
> C'est le grand jour tremblant de midi,
> C'est, par un ciel d'automne attiédi,
> Le bleu fouillis des claires étoiles !

Les déictiques « ce » et le présent de l'indicatif réfléchissent dans l'énonciation même du poème les objets du monde que la poésie est censée prendre en charge.

Avec certaines œuvres de Mallarmé la fusion des niveaux va encore plus loin. D'un seul mouvement le poème décrit un état du monde et énonce une poétique ; or cela s'accomplit à travers une œuvre qui coïncide avec l'énonciation de sa propre émergence. Cette fois le cercle se referme, puisque chaque élément joue simultanément sur plusieurs niveaux : le monde représenté, l'œuvre, la genèse de l'œuvre, le commentaire sur l'œuvre se mirent les uns dans les autres, le « cygne » est « signe », le « verre » est « vers ».

L'écriture de Mallarmé porte à son terme un jeu consubstantiel à l'exercice du discours littéraire, la propriété fondamentale qu'a le langage de pouvoir parler de lui-même, de pouvoir, demeurant à l'intérieur de soi, agir sur soi. Le « tombeau d'Edgar Poe » se lit à la fois comme la désignation d'un objet du monde et comme le poème qui l'évoque : le « tombeau » est le nom d'un genre littéraire, de cette pièce en vers consacrée au maître défunt. Mais c'est aussi une réflexion sur la poésie, laquelle commande l'énonciation même de ce sonnet. Miroir qualifiant de l'ensemble de l'œuvre de Mallarmé, le poème la convertit en un vaste tombeau de son auteur, qui naît de l'évocation du poète mort. En dernière instance, le sonnet serait le tombeau de sa propre énonciation, faisant se rejoindre son surgissement et son extinction.

Mais il existe un bouclage moins visible, celui qui fait coïncider le meurtre du père et l'expiation de ce crime. Dans « Les obsèques de la lionne » déjà, le crime contre le roi et son absolution s'identifiaient. Ici le « tombeau » élevé à la mémoire du père est simultanément l'hommage qui lui est rendu, le respect filial et aussi la réitération de la mort du père, le rachat et le crime qui exige ce rachat. L'autolégitimation de l'œuvre apparaît donc triplement paradoxale : parce qu'elle est à la fois juge et partie, parce que dans le même geste elle dit et justifie son dire, transgresse et répare cette transgression.

On pourrait continuer longtemps à démêler les bouclages de telles œuvres. Ici l'auteur, mêlant les niveaux, ne joue pas avec les pions mais avec les règles mêmes du jeu littéraire. Le miroir légitimant ne fait qu'un avec l'œuvre, miroir d'elle-même, sans reste.

Cette résorption du dit dans le dire et du dire dans le dit explique probablement pour une bonne part l'intérêt que les philosophes ont porté à une telle entreprise littéraire. Pour le discours philosophique aussi, mais sur des bases très différentes, il s'agit de démontrer son droit à l'énonciation, de boucler le dit sur le dire et le dire sur le dit dans une circularité idéale : parler d'un monde dans lequel il y a nécessairement place pour le discours que le sujet est précisément en train de tenir sur ce monde.

LECTURES CONSEILLÉES

COSSUTTA F.

1989 - *Élements pour la lecture des textes philosophiques*, Bordas.
(Une approche du discours philosophique qui s'appuie sur la réflexivité de l'énonciation.)

DALLENBACH L.

1977 - *le Récit spéculaire, essai sur la mise en abîme*, Seuil.
(Une exploration méthodique des phénomènes de mise en abîme littéraire.)

HOFSTADTER D.

1987 - *Gödel, Escher, Bach,* trad. fr., Paris, Inter-Éditions.
(Un classique des problèmes d'autoréférence qui ouvre sur de multiples champs d'investigation, de l'art à l'intelligence artificielle.)

RECANATI F.

1977 - *la Transparence et l'énonciation*, Seuil, 1979.
(Une introduction à la pragmatique qui insiste sur l'idée que, dans le sens d'un énoncé, se réfléchit l'événement énonciatif.)

TRAVAUX

• *Dans la littérature, les bouclages ne doivent pas être un simple procédé ; leur valeur varie selon les œuvres dans lesquelles ils s'inscrivent. Vous comparerez dans cette perspective la Nausée de Sartre et la Modification de Michel Butor, deux romans à la fin desquels le héros, au terme d'une crise, décide d'écrire un livre.*

Vous confronterez de même deux mises en abîme : celle des Faux-monnayeurs de Gide et celle de Contrepoint d'A. Huxley. S'agit-il d'ailleurs du même type de mise en abîme ?

• *Dans* la Seconde surprise de l'amour *de Marivaux, on rencontre un personnage de pédant, Hortensius. Au vu de l'extrait qui suit, quelle est sa fonction dans l'œuvre ?*

LA MARQUISE, *nonchalamment* : Eh bien, Monsieur, vous n'aimez donc pas les livres du Chevalier ?

HORTENSIUS : Non, Madame, le choix ne m'en paraît pas docte ; dans dix tomes, pas la moindre citation de nos auteurs grecs ou latins, lesquels, quand on compose, doivent fournir tout le suc d'un ouvrage ; en un mot, ce ne sont que des livres modernes, remplis de phrases spirituelles ; ce n'est que de l'esprit, toujours de l'esprit, petitesse qui choque le sens commun.

LA MARQUISE, *nonchalante* : Mais de l'esprit ! est-ce que les anciens n'en avaient pas ?

HORTENSIUS : Ah ! Madame, *distinguo* ; ils en avaient d'une manière... oh ! d'une manière que je trouve admirable.

LA MARQUISE : Expliquez-moi cette manière.

HORTENSIUS : Je ne sais pas trop bien quelle image employer pour cet effet, car c'est par les images que les anciens peignaient les choses. Voici comme parle un auteur dont j'ai retenu les paroles. Représentez-vous, dit-il, une femme coquette : *primo*, son habit est en pretintailles ; au lieu de grâces, je lui vois des mouches ; au lieu de visage, elle a des mines ; elle n'agit point, elle gesticule ; elle ne regarde point, elle lorgne ; elle ne marche pas, elle voltige ; elle ne plaît point, elle séduit ; elle n'occupe point, elle amuse ; on la croit belle, et moi je la tiens ridicule, et c'est à cette impertinente femme que ressemble l'esprit d'à présent, dit l'auteur.

(II, 4)

• *Le sonnet « l'Albatros » de Baudelaire* (Fleurs du mal) *et le poème « Sonnez, sonnez toujours, clairons de la pensée »* (Châtiments, VII, I) *de V. Hugo jouent à l'évidence un rôle de miroir. Ils ne s'inscrivent cependant pas de la même façon dans le texte. Vous les comparerez en rapportant leurs divergences à celles entre les esthétiques des œuvres qui les intègrent.*

• *Réfléchissez sur la relation entre le concept d'isotopie introduit au chapitre 2 et celui de miroir indirect.*

• *Ces lignes de R. Barthes datées de 1959 vous semblent-elles traduire convenablement l'évolution de la littérature ? Essayez de dégager les présupposés de cette prise de position en la rapportant à son contexte d'énonciation.*

Pendant des siècles, nos écrivains n'imaginaient pas qu'il fût possible de considérer la littérature (le mot lui-même est récent) comme un langage soumis, comme tout autre langage, à la distinction logique : la littérature ne réfléchissait jamais sur elle-même (parfois sur ses figures, mais jamais sur son être), elle ne se divisait jamais en objet à la fois regardant et regardé ; bref, elle parlait mais ne se parlait pas. Et puis, probablement avec les premiers ébranlements de la bonne conscience bourgeoise, la littérature s'est mise à se sentir double (...) Voici quelles ont été, grosso modo, les phases de ce développement ; d'abord une conscience artisanale de la fabrication littéraire, poussée jusqu'au scrupule douloureux, au tourment de l'impossible (Flaubert) ; puis, la volonté héroïque de confondre dans une même substance écrite la littérature et la pensée de la littérature (Mallarmé) ; puis, l'espoir de parvenir à éluder la tautologie littéraire en remettant sans cesse, pour ainsi dire, la littérature au lendemain, en déclarant longuement qu'on *va* écrire, et en faisant de cette déclaration la littérature même (Proust) (...)

(« Littérature et méta-langage », *Essais critiques*,
Coll. « Tel Quel », Seuil, 1964, p. 106)

Conclusion

Parvenu au terme de ce parcours, il est possible que le lecteur éprouve quelque frustration. Comme il n'existe pas de langue littéraire, mais un usage littéraire de la langue, comme n'importe quels phénomènes linguistiques étaient susceptibles de retenir notre attention, il était inévitable que le choix des sujets traités comporte une bonne part d'arbitraire. Par ailleurs, comme les courants qui se réclament de la pragmatique constituent moins une doctrine qu'un réseau de notions clés aux multiples connexions, nous aurions pu y pénétrer par bien d'autres entrées : par l'interaction, le contexte, l'institution, la force illocutoire, l'implicite, la pertinence, le genre de discours, etc. Notre parcours didactique n'est donc qu'une recomposition de ce champ parmi beaucoup d'autres. Une recomposition *forte* aurait dessiné une grille homogène et rigoureuse de dépendances conceptuelles. Notre présentation est une recomposition *faible* qui, autour de points privilégiés, vise à montrer l'intérêt d'une certaine conception du langage pour la compréhension du discours littéraire.

Aujourd'hui, la pragmatique est moins une approche parmi d'autres du texte littéraire (à côté d'approches sociocritiques, psychanalytiques, thématiques, etc.) que l'horizon à l'intérieur duquel sont contraintes de s'inscrire les diverses approches. L'important n'est donc pas de prendre parti pour ou contre la pragmatique en analyse littéraire, mais plutôt de définir quel type de pragmatique il convient de mobiliser. On doit cependant prendre garde de ne pas revenir à des conceptions du texte qui seraient préstructuralistes. Ce serait le cas si, par exemple, la psychologie cognitive venait prendre la place de la vieille critique psychologiste ou si l'activité littéraire se réduisait à un pur jeu de stratégie entre un auteur rusé et un lecteur plus ou moins subtil. Le structuralisme, quels qu'aient été ses excès, a opéré une rupture décisive en tournant le regard vers l'opacité du texte.

Investie dans l'étude du discours littéraire, la pragmatique doit définir sa voie entre les deux périls du psychologisme ou du sociologisme et du formalisme. L'œuvre n'y est ni l'« expression » d'une vérité en amont d'elle, ni un univers solipsiste. Cette volonté de dégager une « troisième voie » n'a rien de nouveau ; c'est le leitmotiv de Bakhtine et de bien des critiques depuis plusieurs décennies. Mais, en insistant sur le caractère interactif et réflexif du discours, sur son rapport à des normes, en restituant le caractère institutionnel de l'activité langagière ou en montrant la complexité des processus de déchiffrement, la pragmatique donne davantage de poids à un projet qui pour l'essentiel restait un vœu pieux, faute de conceptions linguistiques adéquates.

Mais, qu'il s'agisse de pragmatique ou de toute autre conception du langage, on se trouve pris dans un dilemme : traiter les œuvres littéraires comme un genre d'énoncés parmi d'autres, ou bien les mettre à part. Or elles ne sont ni des énoncés comme les autres ni des énoncés qui échapperaient aux lois du langage. C'est cet entre-deux instable qu'il faut gérer au mieux. Nous avons parlé de « pseudo-énonciation »[1] à propos de la communication littéraire, mais ce *pseudo* excède une opposition univoque entre un discours sérieux et un discours gratuit. L'énonciation littéraire est « pseudo » à la manière du pseudonyme qui n'est ni le « vrai » nom de l'auteur ni le « faux » nom de l'écrivain, mais une marque qui passe entre les deux termes de l'alternative. Pour exprimer la singularité du dialogue théâtral, P. Larthomas[2] se refusait à y voir un langage « surpris » (comme si les spectateurs assistaient en voyeurs à une action indépendante d'eux) et préférait parler du langage « comme surpris » ; le « comme » vient ici subvertir l'opposition entre le naturel et l'artifice. Si la littérature est l'ensemble ouvert des ressources dont dispose une langue pour échapper à elle-même, une pragmatique du discours littéraire ne peut outrepasser la limite au-delà de laquelle son objet s'évanouirait.

---

1. *Éléments de linguistique pour le texte littéraire*, p. 9.
2. *le Langage dramatique*, A. Colin, 1972.

Index

Imprimerie GAUTHIER-VILLARS, Paris
Dépôt légal, Imprimeur, n° 3404
Dépôt légal : avril 1992

Imprimé en France